幽默沟通学

欣溶 著

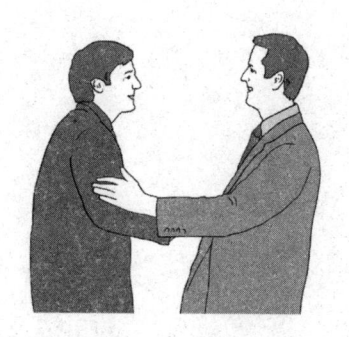

中华工商联合出版社

前言

幽默是社交的法宝，更是生活的艺术。它不是滑稽与搞笑的做作，而是一种纯粹的生活态度。幽默可以让你戴着快乐的眼镜去看世界的发展与变化，在平凡中挖掘笑的艺术价值。

幽默就像一根闪着金光的魔杖，赋予每一个希望减轻人生重担的人一种快乐的生存智慧。在人际交往中，我们总希望自己能够与他人和睦相处，成为大家瞩目的焦点，受到许多人的欢迎。因此，我们总是努力展现出最好的形象。要想有效地表现自我，捷径之一就是表现出自己的幽默感。幽默能够消除内心的紧张，树立健康乐观的个人形象，润滑人际关系。幽默能够化解尴尬，影响别人的思想和态度，从而打开局面。更重要的是，幽默不仅可以给自己带来好人缘，还可以给自己带来好心情、好运气。

幽默作为我们日常生活中必不可少的工具，它可以使生活中的矛盾和争端得到缓解，也可以使人变得信心无限。幽默是智慧的迸发，是善良的表达，是人生的助推器，更是一种胸怀、一种境界。正如作家王蒙所说:"幽默是一种成人的智慧,一种穿透力,一两句就把那畸形的、讳莫如深的东西端了出来。既包含着无可奈何,更包含着健康的希冀。"生活中的幽默会让你茅塞顿开,在轻松的气氛中感受到成功的快乐,在回味中拍案叫绝。与幽默的人相处,每个人都会感到快乐,谁都希望同幽默的人打交道。幽默是一种可贵的品质。幽默的人具有宽容、自信、豁达、乐观的心态,它使生活充满乐趣、充满生机。幽默是一种文化的积淀,需要达到一定层次的文化水准。一个人的知识存储与个人涵养是成正比的。知识渊博的人,才能具有审时度势的能力,才能够谈资丰富、妙言成趣,才能说出恰如其分的比喻,才能不以眼前的区区小事计较得失,才能多些雅量、少些鲁莽。

无论何时何地,你展现出来的恰到好处的幽默,都会让人刮目相看。遇到突如其来的冷场时,用幽默予以化解;想让对方记住自己时,用幽默让他印象深刻;欲要说服他人时,用幽默攻克其厚厚的心理防线;不得不拒绝时,用幽默保全双方的面子;恋爱时,幽默可以让你们的关系更进一步……

本书汇集了幽默的精华,不仅向读者阐释了幽默的人生智慧,展示幽默在现实生活中的独特魅力,更重要的是帮助读者真正懂得幽默,从而成为生活中的幽默大师。

目录

第一章 增强魅力，别输在不懂幽默上

2　幽默是智慧，而非搞笑

5　幽默是艺术，说话有学问

9　幽默是机智，应变有门道

12　幽默是包装，彰显你的品位与魅力

15　幽默是助推器，让你更讨人喜欢

第二章 幽默修炼，一开口就让人喜欢你

18　偷换概念：在不经意间增强表达效果

21　转换视角：幽默切忌公式化

24　正话反说：营造耐人寻味的幽默意境

27　一语双关：注意"话中有话"

29　将错就错：荒谬中尽显幽默

32　玩笑自嘲：用谦逊赢得影响力

34　顺水推舟：顺势而为成就幽默

第三章　助力社交，幽默让你独领风骚

39　人际交往遇僵局，试试幽默破冰法

41　欲擒故纵，幽默地说服他人

43　另辟蹊径，小幽默有大智慧

45　反击不要太严肃，幽默一点更有力

47　掌握幽默技巧，打造良好人际关系

第四章　职场沟通，幽默让你更得意

52　请出幽默，助面试一臂之力

54　工作压力太大，请服用"幽默降压药"

57　巧用幽默，离晋升更近一步

59　意见可以提，但怎么提是一门技术

62　幽默地"秀"出幕后功劳

65　幽默最具感染力，搞定同事更能搞定客户

第五章 玩转幽默，幸福生活不太难

69 亲近亲友，幽默戏谑不可少

72 幽默劝慰，在笑声中遗忘痛苦

78 喜欢对方，就幽默地开口吧

81 幽默的表白，一语俘获对方的心

83 爱有阴晴，幽默是和事佬

86 幽默双人舞，将爱情进行到底

89 让婚姻保鲜的最好方法就是处处幽默

91 有错改错，用幽默表达歉意

93 大道理听着累，小幽默更易懂

96 缺乏幽默的家庭就像一张"白纸"

第六章 化解尴尬，幽默就是"消防员"

99 尴尬时刻，让我们一起"荒谬"到底

101 以幽默为武器，变意外为常态

103 幽默不仅能帮己，更是替他人解围的利器

105 以幽默回应别人的故意刁难

108 幽默地拒绝，合理说"不"莫伤人

112 给人台阶，幽默救场最高明
115 遭遇冷场别慌张，幽默逗人笑颜开
118 幽默道歉，谅解自来
121 兵来将挡，以机智幽默应对奚落

第七章　举重若轻，幽默让你轻松变身沟通达人

125 创造独特，让幽默推动销售
130 以谬制谬，顺言逆意的说辩
132 指东说西，释放出幽默的威力
135 间接说服，巧用语言的不同

第八章　欢乐演说，句句都能引爆"笑"果

138 穿插妙语，拨动听众的心弦
142 跟听众套近乎，要懂幽默技术
145 让演讲在笑声中画上"休止符"
148 幽默演讲的真谛在于亲切自然

第一章

增强魅力,
别输在不懂幽默上

幽默是智慧，而非搞笑

"幽默是一种成人的智慧，一种穿透力，一两句就把那畸形的、讳莫如深的东西端了出来。既包含着无可奈何，更包含着健康的希冀。"作家王蒙如是说。

什么是幽默？幽默就是一种人生的智慧。它体现的是一种才华，展现的是一种力量，它是文明的产物。

幽默以愉悦的方式向他人表达思想与真诚，它就像一座与外界沟通的桥，可以填平人与人之间的鸿沟，可以润滑人与人之间的关系，可以为自己减负，为他人送去欢乐，可以开创智慧型的美好人生。原来幽默的力量如此伟大。

幽默之所以被称为一种智慧，是因为幽默带来的笑声完全不同于小丑在众人面前的耍宝，它需要在智慧积淀的思维基础上，以优雅的风度来呈现出自己的睿智。幽默的语言特色往往是一语中的而又不失风趣。

幽默最基本的特点有以下两点：

1. 必须有趣味点

幽默必须具有美感特征，如果只是一味地借助讽刺他人而使自己畅快，却忽略了他人的感受，那样的幽默会造成他人的厌恶与反感。

2. 必须意味深长

幽默就像一杯醇酒，越品越有醉人的味道。幽默的智慧来自我们自身深刻的生活体验、敏锐的洞察力与想象力、良好的素养与语言表达能力，以及优雅的风度与乐观的情绪。

他是第二次世界大战时反法西斯阵营的三巨头之一，他曾连续两次担任英国首相，直到今天，人们仍将他列为20世纪最重要的政治领袖之一。除此之外，他还是演说家、作家、记者、历史学家和画家，并于1953年获诺贝尔文学奖。他也是一位机敏睿智的幽默大师，思维敏捷，语言机智，常常用幽默的语言化被动为主动，捍卫自己和国家的尊严。他，就是丘吉尔。

有一次，萧伯纳为庆贺自己的新剧演出，特发电报邀请丘吉尔看戏："今特为阁下预留戏票数张，敬请光临指教，并欢迎你带友人来——如果你还有朋友的话。"丘吉尔看到后立即复电："本人因故不能参加首场公演，拟参加第二场公演——如果你的新剧能公演两场的话。"

丘吉尔善用幽默的智慧由此可见一斑。不仅在生活中如此，即便是在政治上，丘吉尔也能够将这种智慧应用自如。一个具有幽默感的人，也一定具有强大的人格魅力，因为他总能强烈地感受到自己力量的存在，所以能够从容地应对各种尴尬困苦的窘境。

在阿拉曼战役前夕，丘吉尔召见了他的得力将领蒙哥马利将军。在谈话中，丘吉尔提议他应该研究一下逻辑。蒙哥马利担心自己会陷入纠缠不清的逻辑命题中,便找了个借口推托。他对丘吉尔说:"首相先生,你知道,有这样一句谚语,了解和亲昵会产生轻蔑。也许我越是研究逻辑,便会越轻视它。"

丘吉尔取下烟斗说:"不过我要提醒你,没有一定程度的了解和亲昵,什么也不会产生出来。"

直白坦率而又幽默的方式,让丘吉尔总是能够说服属下,并赢得他人的信任与尊重。再加上丘吉尔不会粗暴地对身边的人发脾气,他对人对事的轻松姿态让自身的影响力不断扩大。丘吉尔的幽默是一种智慧,更是一种胸襟和力量。他两次当选英国首相,被认为是影响英国历史的伟人之一。

生活中的你,是整天一副严肃的表情,还是常能于妙趣横生中化干戈为玉帛呢?幽默并不仅仅是一种单纯的说笑,它还是一种智慧的迸发、善良的表达,是交往的润滑剂,更是一种胸怀和境界。幽默不仅能增加你和他人之间的友谊,更能使一些误解得到消除。幽默的力量就像太阳的光芒一样,可以使这个世界变得温暖明媚。

幽默是艺术，说话有学问

文学家老舍先生这样评价幽默：幽默文字不是老老实实的文字，它会运用智慧、聪明与种种搞笑的技巧，使人读了发笑、惊异，或啼笑皆非，或受到教育。

幽默不仅是一种智慧素养的体现，也是一种助人发笑的语言艺术。在我们的生活中，常见的语言艺术形式有喜剧、小品、相声等表现形式，它们的共同特点就是通过幽默达到使人心情愉悦的艺术效果。

在语言艺术中，有夸张、对比、联想等表达方式，意在将个人的机智与幽默恰到好处地联系起来。幽默的语言艺术，带给人的不只是心情上的放松、对生活的热爱，更有对人生价值观的深思——做人就应该拥有一颗乐观之心。

某大学植物系有一位教授，虽然主讲一门冷门课程，但只要是他的课，几乎堂堂爆满，甚至有人站在走廊里旁听。原因并不是这位教授的专业知识比别人渊博，而是他的幽默风趣传遍了整个校园，使得学生们都乐意上这位教授的课。

有一次，该教授带领一群学生到山区进行课外活动，沿途看到许多不知名的植物，学生好奇地一一发问，教授都详细地一一解答。一位女同学忍不住停下了脚步，对着教授赞叹地说："老师，您的学问好大呀,什么植物都知道得那么清楚!"教授回头眨了眨眼,扮了个鬼脸笑道:"这就是我故意走在你们前头的原因了,只要一看到不认识的植物,我就'先下脚为强',先把它埋起来,以免露怯!"学生们听了个个笑得合不拢嘴,这次课外活动是一趟充满了欢乐的丰富之旅。

当然,教授只是开了个玩笑,幽默了一下而已,但这就是他深受学生喜欢的原因。懂得将严肃搁在一边,将幽默摆在中间,你我都可以成为一个广受欢迎的人。

有幽默感的人,善于不失时机地抓住有趣的一面,分寸得当地以诙谐的语言和动作,表达自己的思想和意见。我们可能都有这样的体会:幽默可以使人们之间的关系变得亲切、和谐,幽默是增加你谈吐魅力的一道耀眼的光芒。

北宋文学家苏东坡经常和苏小妹互相开玩笑。

苏东坡长着一嘴胡子,苏小妹笑曰:"口角几回无觅处,忽闻毛里有声传。"

苏小妹的额头凸起,苏东坡笑曰:"未出庭前三五步,额头先到画堂前。"

苏小妹嘲笑东坡下巴很长:"去年一点相思泪,至今未到耳腮边。"

苏东坡看到苏小妹的双眼微凹,说:"几回拭泪深难到,留却汪汪两道泉。"

> 去年一点相思泪,至今未到耳腮边。

苏小妹抓住了苏东坡一嘴胡子以及下巴太长的特点,进行嘲笑;面对苏小妹善意的嘲笑,苏东坡没有发脾气,而以幽默的方法,抓住苏小妹的前额高、眼窝深的特点,对苏小妹的嘲笑给予温柔的回击。这种幽默方式,不仅体现了兄妹之间的亲密,而且增添了交往的乐趣,加深了兄妹之间的情谊。

幽默的艺术性在于,在将他人的话题转为自己谈资的同时,还可以添加一些趣味性。一段幽默风趣的话不仅能引人发笑,而且还能强化双方交往的愿望,引发谈话的兴趣,使你更容易达到谈话的目的。

幽默是一种高雅的语言艺术,笑而不俗,雅而不腻。幽默的语言让人心旷神怡,让我们自在享受生活的赠予。

幽默是机智，应变有门道

幽默既需要智慧做强大的后盾，也需要灵活的思维做勇猛的冲锋军。幽默的智者自然会做到用自己的风趣去化解外界的敌意与尴尬，同时当别人在委婉、含笑地说话时，也能够机敏地听出言外之意。

如果在交往中，该自己说句玩笑话打破冷场的时候却沉默，该自己对他人的幽默捧场的时候却不知所措，这样的人无论多有智慧，充其量只能算是个高智商、低情商的闷葫芦。历史的实践证明，懂得解读幽默风情的人，会受到更多人的喜欢与青睐。

马克·吐温有一次到某地旅店投宿，别人事前告知他此地蚊子特别厉害。

他在服务台登记时，一只蚊子正好飞来。马克·吐温对服务员说："早听说贵地蚊子十分聪明，果不其然，它竟会预先来看我登记的房间号码，以便晚上对号光临，饱餐一顿。"

服务员听后不禁大笑。结果那一夜马克·吐温睡得很好，因为服务员记住了房间号码，提前进房做好了灭蚊防蚊的工作。

我们在为马克·吐温的机智话语大笑的同时，更应该想到机智思维的作用，机智的思维在瞬间就可以将一件平白无奇的事情，说得有滋有味。不仅说的人开心，听的人也轻松愉快，还能不费心力地让他人欢快地帮自己摆脱小麻烦。人们乐于同机智风趣、谈吐幽默的人交往，因此，要有足够的幽默做人际关系的润滑剂，能够使你得到更多陌生人的关照。

有时候因为自己也许干了件蠢事，被别人幽默了一下。这时候即使你不会巧妙地回应，但最起码应当知道人家在说什么，而不要像下文中的这位"酸秀才"一样惹人发笑。

欧阳修是北宋文学家和史学家，也是诗词方面的名家，这是众所周知的。然而有个外号叫"酸秀才"的富家子弟，读了几首唐诗，能诌两句打油诗，就不知天高地厚地要找欧阳修比试高低。路上，他走到一条河边，见一群鹅在水里游着，就信口吟起诗来："远望一群鹅，一棒打下河。"吟完肚里就无货了。

这时，正巧欧阳修路过这里，笑了笑，续其诗曰："白翼分清水，红掌踏绿波。""酸秀才"拱手道："想不到老兄也能诌两句，好，我们一起去找欧阳修吧！"说着，两人来到渡口。上了小船，两人又对吟起来。

"酸秀才"道："诗人同上船，去访欧阳修。"

欧阳修接："修已知道你，你还不知修。"

欧阳修这首打油诗，幽默风趣地讥讽了"酸秀才"其人，他既无真才实学，也无自知之明，然而却大言不惭，还以诗人自居，所以欧阳修讥之曰："你还不知修。"这个"修"与"羞"谐音，使之听起来不刺耳。而这个毫无解读幽默智慧的"酸秀才"听过后还蒙在鼓里呢。

　　练就一副幽默的谈吐需要机智的思维和随机应变的灵巧。接收幽默同样需要智慧的领悟，在实际交谈中，并不是每个人都能解读准确、接话恰当。机智的反应虽说与先天因素有一定的关联，但是更重要的在于后天的思考与锻炼。如果你是一个热爱学习、尊重知识、用心思考并追求快乐的人，幽默的生活智慧就已经离你不远了。

幽默是包装，彰显你的品位与魅力

　　幽默的口才不同于在规定时间内去完成一件工作或写一篇文章，更不是饮一杯茶、打一场球那样来得愉快轻松。幽默口才的完善实质是很长一段时间集思想、语言、行为、仪态、情绪等各个方面综合磨炼的过程，亦是内在修养的过程。在幽默口才的积累中，这一过程应视为心理的准备与承受过程。一个人若只有语言能力，那么还不足以广受欢迎，必须抱着不同于寻常的心与人交往，才能使相处变得饶富趣味。

　　有些人喜欢抬杠，搭上话就针锋相对，无论别人说什么，他总要反驳。他本来胸无点墨，不过你说是时，他一定要说否，到你说否时，他又说是了。这是最可怕的习惯，犯这种毛病的人很多，而且自己并不知道自己错了。为什么会这样呢？因为他不喜欢听取别人的意见，在心中只有自己，总以为自己比别人高明，事事要占上风。即使真的见识比别人广，这种态度也是要不得的。这种习惯会使人失去朋友和同事，没有人肯贡献给这样的人一点意见，更不敢向这样的人提出一点忠告。唯一改善的方法是养成尊重别人的习惯，要知道，在日常谈论的没有绝对是非标准的问题当中，你的意见不一定对，而别人的意见也不一定错，那么你为什么每次都要反驳别人呢？

幽默口才是一种表达情意、与人交际的高超技能，但它不只是靠语言完成的，还要靠风度。诗人纪伯伦曾经说过："大智慧才算得上一种大涵养，只有有涵养的人才善于学习，而我可以从健谈的人身上学习到静默。"

美国油画家和版画家惠斯勒口才极好，成名前，他靠替人画肖像为生。他画肖像时，从不故意把作品画得美一些来取悦于人，而且常把别人的缺点不加修饰地画出来。

一次，他替人画完一幅肖像画后，那人把自己的画像看了好久，然后很不高兴地问惠斯勒："你能把这幅画称为艺术品吗？"

"你能把自己称为一个完美的人吗？"惠斯勒微笑着回应。

惠斯勒用一种淡定的反问让那个讽刺他作品的人无言以对。言外之意是，既然自己长得不完美，为什么还要让别人来虚伪地美化呢？何况真正的内在修养不需要通过外在的修饰亦能体现。

在幽默口才的内在修养上，修养本身是修内在的承受力与胸怀，重要的是别把自己的工夫花在装腔作势上。我们无法清晰地剖开所有人的"外衣"，只是我们在潜意识里感到，一个人在拥有好口才的同时，一定要认清自己，使心理与行为达成一致。通过自我研究，便能够客观地了解自己，会发现自己的长处和短处。如果能够养成这样一个习惯，对自己的工作、学习和生活会非常有帮助。并且，只要不断地努力下去，你的潜能终会逐日显露出来，你拥有的长处也就能获得充分施展了。

富兰克林是口才很好的政治家，他十分重视语言修为。他早年曾经做了一张表，表上列举出各种他所要提升的美德。通过几年的身体力行，显然获得了相当大的成就。后来，他又找出了一种应该提升的美德，跟谈话艺术有极大的关联。他说："我在自我完善的计划里，最初想做到的有12种美德，但有一个朋友有一天向我说，大家都认为我太自傲，这种的骄傲常在谈话中显露出来。当辩论一个问题时，我不但固执地满足于我自以为正确的主张，而且有些蔑视别人的样子。我听了他这话，立刻就想矫正这种缺点，因而在我的表上最后一行加了'虚心'这一条。

"这样没过多久，我果然发觉改变后的态度使我获益不少。因为事实告诉我，我无论在哪里，若陈述意见时用谦虚方式，会令人家容易接受而绝少反对；即使说错了，自己也不致受窘了。"

靠着这种谦虚的口才修养，富兰克林成为美国出色的且受人尊敬的政治家。

一个注重语言修为的人，一个有益于他人的人，自然易于被他人所接受，他的话也就可能被别人乐于倾听。"文如其人"是从写作角度说的，我们也完全有理由说"言如其人"。心理上的专注力、耐受力、进取心等品质，也将使你更具个人魅力，使你的幽默更富内涵。

幽默是助推器，让你更讨人喜欢

话多不如话少，话少不如话好。善于用别人喜欢的方式说话的人，是有智慧的人。如果你曾经因为使用别人不喜欢的谈话技巧而失掉朋友，因为说话不高明而失掉一个顾客，因为言语不当而错失一个好机会，因为口不择言而惹来一身麻烦，那你应该学会如何用讨人喜欢的方式说话。说话方式讨人喜欢是一个人的通行证，是获得良好机会、满堂喝彩、上司赏识、下属拥戴、同事喜欢、朋友信赖、恋人亲密的必要条件。幽默的口才是最受欢迎的语言表达方式，因此，幽默的说话方式成了推动一个人走向成功的助推器。

幽默的人更容易追求上进，更容易对事物充满希望，哪怕遇到了一些小麻烦，也不会将注意力集中在抱怨的身上。

相反，不善言谈和说话不讨人喜欢，很容易给人留下能力低下和知识匮乏的印象。这样的人不管处在哪行哪业，也不管走到哪里，都不会轻松地走上成功的舞台，也不会得到足够的器重和赏识，甚至沦为无足轻重的边缘人。其实，想拥有出色的说话能力并不如想得那么困难。掌握好语言的规则和运用技巧，通过不懈的努力，一定会有所成就。学会讨人喜欢的说话方式，是一件说容易又不容易的事。说容易，是因为我们每个人都会说话，都知道说话要做到讨人喜欢,并努力追求这种境界;说不容易,是因为别人的心理很难把握,而且绝大多数时候说话都是即时的,容不得你仔细考虑。

我们大多数人每天花费 50%~75% 的工作时间,以面对面、打电话、网络或书面的形式进行沟通,而在沟通中 80% 是以说话的形式进行的。那么,说什么以及怎样说才能让人高兴,是我们成功沟通的关键。

如果一个人能用机智而幽默的方式说话,那么,他一定会展现出无穷的魅力,无论是立身处世,还是交友待人,都一定会挥洒自如,也会为自己的人生赢得更多机会,获得更多实实在在的好处。

一语可以成仇:一句话说错了,会破坏人际关系的良性互动;一句话说错了,会导致功败垂成。

一语可以得福:一句话说对了,可以得到帮助;一句话说对了,就是向成功迈进了一步。

说话要幽默,要因时、因地、因人、因事而行。学会在错综复杂的说话情境中讨人喜欢的秘诀,才能把握住赢得更多机遇、获得更大利益的机会。

第二章

幽默修炼,
一开口就让人喜欢你

偷换概念：在不经意间增强表达效果

有个富翁，左邻是铜匠，右邻是铁匠，成天叮叮当当吵得厉害。富翁想过清静的生活，请两家离开这里，于是，某天他备了一桌酒席宴请两位邻居，并在席间提出了请他们搬家的请求，左右邻居都非常痛快地答应了。

两家都搬家之后，叮叮当当还是照旧。原来两家互换了房子，左边的搬到了右边，右边的搬到了左边。

富翁所说的"搬家"，就是让他的左右邻居远远地搬离现在住的地方，离自己越远越好。但左右邻居显然使用了偷梁换柱、偷换概念的办法：你说搬家，那我们也搬了，满足了你的要求。可是事实上，他们只是互相交换了房子而已。这就是沟通中幽默技巧的独特之处，它把富翁所说的"搬家"和左右邻居理解的"搬家"当作同一个概念来使用，虽然从字面上看都是搬家，但显然两者的意思相差很大。左右邻居的幽默之处就在于，他们将富翁的"搬家"偷换成了他们自己认为的"搬家"，表面上看似契合了对方的意思，实际上却是文不对题的幽默效果。

不难看出，偷梁换柱幽默技巧的关键在于，要把概念的内涵做大幅度的转移、转换，使预期失落，产生意外；偷换得越是隐蔽，概念的内涵差距越大，幽默的效果越是强烈。

临近年关，某公司开始紧张地赶工。员工们一个个感到异常疲惫。

一次，晚班开始后十来分钟，员工小董才匆匆忙忙地赶回来，将一箱牛奶分发给同事们。原来，他见同事们工作太辛苦，于是自掏腰包买了牛奶让大家提提精神。

这时候，有人冲他打趣地说道："刚才一直没见着你回来，我们还以为你去幽会了呢？"

"幽会？"小董故作不理解，指着牛奶幽默地说："哪有什么'优惠'，都是原价的，一点也不打折的。"同事们被他傻乎乎的样子逗得哈哈大笑起来，以百倍的精神投入了新的工作。

以上可以看出，偷梁换柱的关键在于一个"换"字，能否换得巧妙，与幽默的效果有很大关系，首先，你得保证自己换的概念确实行得通。其次，让对方在听到你的话后，马上产生一种错觉——你把概念理解错了。再次，又得让他知道，你是故意这样做的。最后，你再按你的思维继续发挥，你要的幽默效果也就出来了。

在日常生活中的小辩论中，能够使用偷梁换柱技巧的地方还有很多。比如以下几个例子：

美国第 28 任总统威尔逊任职新泽西州州长时，一位议员好友去世了，威尔逊悲痛不已。此时一位政客非常不合时宜地打来电话说："我希望能代替那位议员的位置。"威尔逊对这个人感到十分反感，就说道："如果殡仪馆没有意见的话，我本人完全同意。"

艾米正在看全球人口死亡统计表，她非常有感触地对邻座的男同学说："你知道吗？每当我呼出一口气，世界上就有一个人死掉！""是吗？"男同学做出诧异的表情问道，"你难道不刷牙吗？"

一个历史系的女生某日感叹道："古人没有电视机、电冰箱、洗衣机、电话机，可怎么活呀？"另一哲学系男生立刻接话说："所以他们都死了。"

需要注意的是，在一般情况下，概念被偷换得越是离谱，所引起的预期的失落、意外的震惊就越强，其幽默的效果就越明显；概念之间的差距掩盖得越是隐秘，发现越是自然，可接受的程度也就越高，就越容易引人发笑。切忌在包袱抖出来前就先说明你的道理，那样就全无"笑果"可言了。

概念被偷换以后，道理上讲得通，显然这种通不是常理上的通，而是另一种角度上的通，但正是这种新角度的观察，显示了说话者的机智和幽默。

转换视角：幽默切忌公式化

事情往往是具有两面性的，只是人们常常看到其中的一面，这就是习惯思维的力量。但是，"尺有所短，寸有所长"，这就是因为人们看问题的角度发生了转变。转换角度，你会发现平淡中的神奇、悲哀中的幸福、枯燥中的幽默。

纽约一个儿童游乐园大门口的牌子上写着："成年人必须在孩子陪同下，方可进入。"

柏林一家花店门口写着："送几朵花给你所爱的女人——不要忘了你的太太。"

瑞士某旅游胜地的告示牌上写着："爱花的人，让花留在山上吧。"

伦敦一家旅馆在所有房间里贴着这样的告示："客人们，请把你的歌藏在心底，因为我们的墙壁，并非像你想象的那样厚实。"

加拿大阿尔伯塔省某公园入口处有一块告示牌："请不要打扰里面的鸟，它们在此避难。"

墨西哥一边境小城的入口处，悬挂一则醒目的交通告示："请司机注意：本城一无医生，二无医院，三无药品。"

坦桑尼亚曼拉湖国家公园对不文明的游园者，以小诗相劝："不要招致一些厌恶的话语，比如，真可恶，是他将美丽的环境弄脏。到那时，你的脸往哪儿搁？"

可以看出，只要换个角度来劝诫，既充满乐趣，也更容易让人接受，比那些枯燥的警示语有意思多了。事实上，生活中许多不好讲的事一旦换个角度来说，面貌就会焕然一新，妙趣横生。

有一次，苏联领导人戈尔巴乔夫为了准时赶到会场，便要求司机开快车。司机既担心他的安全，又怕违章，只好婉言拒绝。戈尔巴乔夫急了，命令司机与他调换位置，然后亲自驱车，疾驰如飞。很快，车就被交警拦住了，现场指挥官命令警员将违章者扣留。警员到车前查询了一下，然后向指挥官汇报说："警官，坐车的是一位要人，恐怕不好查办。"

指挥官很不满地问："那个人是谁？"

"我说不准，警官同志。不过，戈尔巴乔夫先生是他的司机。"警员面露难色地说道。

警员的玩笑开得极具水准，如果直言是戈尔巴乔夫开车，那指挥官必定会很难堪，那与"难道您有胆量扣留戈尔巴乔夫的车吗"无异，而用这种转换角度的方式来说则显得非常风趣，松弛了两人的神经，活跃了气氛，相信指挥官对此事就不会再深究了。

转换视角的关键在于打破常规，这是首要的条件，否则很难做到突破常规，有所建树。

一次，苏联诗人马雅可夫斯基结束演讲后，有人大叫："马雅可夫斯基，您的诗不能使人汹涌澎湃，不能使人燃烧，不能感染人。"

诗人不慌不忙，并不急于解释诗中的内涵，从容地回答道："因为我的诗不是大海，不是火炉，不是鼠疫。"

很显然，那位当众挑衅的听众的本意是质疑诗人的诗歌，或者是蓄意滋事。但是，诗人并没有顺着这位听众的意思去为自己的诗歌做辩解，而是转换角度：你说我的诗歌"不能使人汹涌澎湃"，那是因为它"不是大海"；你说我的诗歌"不能使人燃烧"，那是因为它"不是火炉"；你说我的诗歌"不能感染人"，那是因为它"不是鼠疫"。试想一下，如果诗人去解释自己的诗歌，显然不是一下就能说清楚的，而且也会显得苍白无力。面对蓄意挑衅者，这样的回答真是绝妙之极。

我们从诗人的幽默回击中还看到，转换视角很重要的一点，是要找到事物之间的联系，尽管有些联系看起来很荒诞。鼠疫也能感染人，但是显然和诗歌感染人是完全不同的两码事，可幽默正是从这些荒诞中产生的。

正话反说：营造耐人寻味的幽默意境

在幽默语言交叉技巧中，正话反说以语义的相互对立为前提，依靠具体语言环境的正反两种语义的联系，把相反的双重意义以辅助性手段如语言符号和语调等衬托出来，使对话者由字面的含义联想及其反面的本意，从而发出会心的微笑。正话反说是造成含蓄和耐人寻味的幽默意境的重要语言手段之一。

已经下课了，可老师还在不停地讲课。有个学生眼睛不住地往操场上看。老师批评他说："你呀，人在教室，心在操场，这怎么行呢？"学生听了说道："老师，让我人到操场，把心留在教室，好吗？"

很多时候，人们的语言缺乏幽默感，是因为总是用正常思维来表达自己的诉求，而幽默就需要出其不意，打破常规。上面这位同学的回答就是打破常规思维的正话反说，老师拖堂，学生一般都很讨厌，又不好说出来。这位学生另辟蹊径，运用反向思维正话反说，委婉地陈述了自己的意见，又不失幽默风趣。

一位顾客在饭馆吃饭，米饭中有沙子，顾客把沙子吐出来一一放在桌子上，服务员见此情景很不安，抱歉地问："都是沙子吗？"顾客摇摇头微笑地说："不，也有米饭。"

多么睿智的幽默！吃饭自然是吃米，但是面对碗里的沙子，顾客并没有直接指责，而是顺着服务员的意思，否定了服务员的"都是沙子吗"的问话，以"也有米饭"幽默地表达了自己的不满。我们可以通过这句话马上想到这样一幅情景：满碗的沙子里掺杂着一些米粒。这当然是夸张的想法，但正是这种夸张才是幽默产生的根源。

正话反说，字面上的意思给人一种十分突兀的感觉，深层里却又传达出另一种意思来，这层意思虽不明言，双方都心照不宣，前后两层意思的碰撞就产生了幽默。而且，这种正话反说表达的意思往往比明明白白讲出来更让人易于接受。当然也更能展示出说话者的幽默感。

正话反说幽默术借助话语一前一后的相互对应，让人一看就能明白说话者的真实意图，却又因为简单地玩了一个前后颠倒的把戏，不免就让人开怀一笑。

有的时候，我们会遇到对方的故意挑衅，或者是非常直接的指责，如果我们很直接地回击，一场争论就在所难免了。我们可以用幽默来表达对对方这种直接挑衅的不满，达到既回击了对方，又不损坏自己形象的效果。

有一次，苏联领导人赫鲁晓夫访问南斯拉夫，南斯拉夫总统铁托在一些高级官员的伴随下迎接他。一名高级官员突然提出挑衅性的问题，他对赫鲁晓夫说："苏联和斯大林对我们干了许多坏事，所以我们今天很难相信苏联人。"气氛一下子紧张起来。冷场片刻之后，赫鲁晓夫走到说这番话的高级官员身边，拍着他的肩膀对铁托说："铁托同志，如果你想让谈判失败，就任命这个人担任谈判代表团团长吧。"

这个时候，即使赫鲁晓夫向对方解释，也不是几句话就能说清楚的。而如果直接回击对方，显然有失一个大国领导人的身份，也显然对双方的合作不利。赫鲁晓夫用正话反说的幽默，既表达了不满，又提出了警告——如果要谈判成功，就别让这个人当谈判代表团团长。

总之，正话反说就是故意把白的说成黑的，把明的说成暗的，名实相违而又彼此心照不宣，借与自己意图相反的话语来表达出真正的意思，二者形成强烈的反差，幽默就在这反差中生动体现出来。话语表里两层意思的反差常常是幽默的原动力，幽默的生命也常靠此维持，正话反说因此也就是一项极为常用的幽默技巧了。

一语双关：注意"话中有话"

抗日战争时期，日寇的飞机狂轰滥炸，让山城重庆的百姓和各界人士无不吃尽苦头。只要听见警报一响，大家都得赶紧丢下手头上的事情，涌入防空洞避难。陈寅恪教授目睹此状，心中感慨不已，于是为防空洞题写一联，联文仅八个字，却一时广为流传：

见机而作，入土为安。

这真是一则让人哭笑不得的黑色幽默。"见机而作"和"入土为安"本是中国人熟悉的成语和俗语，其语义与飞机、防空洞本没有任何的牵涉，陈寅恪却巧妙使用双关法撰联，以此"机"（时机）音彼"机"（飞机），用"入土为安"代替"进洞避难"，不仅妙趣横生，而且兼蕴悲天悯人的感叹，其意味近乎"含泪的笑"。陈寅恪的才思敏捷，由此可见一斑。

需要注意的是，有些词语本来是没有多义性的，但在特定条件下受上下文的影响，也可带有某种双关的含义。语义双关的修辞格式以语义的关联为纽带，利用本义和转义的差距造成语言的交叉，产生含蓄的幽默效果。

从上面的幽默中我们可以看出，语意双关是利用了一个词语所具有的两种或者更多的意义，在一定的语境中，为了达到有效、含蓄、幽默地表达思想和情感以及提高表达效果的目的，人们有意识地让同一话语具有两种不同的思想、概念、情感等。不同语义的暗示之所以能起到关联的作用，是因为某些词与词之间在音、形、义方面存在着一定的类似现象。这种类似现象的存在使得人们能够自然地关联词语的表层信息和它暗指的深层语义。

猴子死后去见阎王，请求来世做人。

阎王说："你要做人，必须把身上的毛都拔掉。"于是就叫小鬼过去，要给他拔毛。才拔一根，猴子就痛得大叫大嚷起来，不让小鬼拔它的毛。

阎王说："看看你，一毛不拔，怎能做人呢？"

这则笑话假托一个寓言故事，讽刺极端吝啬自私的人，他们连拔一毛就可以利天下的小事都不做，结尾则发出了"怎能做人呢"的犀利质问。

"一毛不拔"字面意义是一根毫毛都不肯拔，引申义是形容极其吝啬自私。这则笑话兼有两种意义：表面上假托阎王责骂猴子一根毫毛都不肯拔，实际上是用来讽刺极其吝啬自私的人。

恰当地使用语义双关，言在此而意在彼，有一箭双雕之妙。其有时幽默诙谐，饶有风趣；有时委婉含蓄，耐人寻味。

将错就错：荒谬中尽显幽默

将错就错的幽默技巧，往往着眼于驳斥对方，或者化解尴尬。"人非圣贤，孰能无过"，犯了错误不是问题，让错误明白地摆在那里而不去想办法补救才是真正的问题。其实，只要善于动脑筋，灵活应变，是完全可以改正错误的。

有这样一个小故事：

在拥挤的公交车上，一位男士站在一位女士的身后，公交车在拐弯时一个急刹车，男士不小心撞到了前面那位女士的身上。女士马上就嫌恶地骂道："你个臭流氓，看你那德行！"

男士没有生气，却风趣地说道："不是德行，是惯性。"

我们不得不佩服这位男士的从容机智和幽默风趣。尽管男士不是有意撞那位女士的，但是不管什么原因，毕竟是撞到了人家，也算是犯了"错"。可是，换一个角度看，是因为刹车的原因才撞上的，那位女士显然有点得理不饶人，有点小题大做了，这就是那位女士的"错"——出口骂那位男士是流氓。而男士将错就错，顺着女士的"德行"，解释为"惯性"，这样不仅解了自己的围，而且化干戈为玉帛，真是何乐而不为呢？这则故事把将错就错这一招发挥到了极致！

有的时候，确实是自己犯了错误，改正可能来不及了，那就可以采取将错就错的办法，做个及时的补救。由于这种补救事出意外，比较突然，又没有充足的时间做详细的考量，所以需要机智的头脑和丰富的联想才能做到。

毕加索18岁时，创作了自己第一幅铜版刻画，这幅画描绘的是一位英姿飒爽的斗牛士。不过，他没想到，真正的铜版刻画在印刷时必然是左右易位的，所以当他看到一个左手持着长矛的斗牛士时不禁大吃一惊。毕加索对自己犯的过失闷闷不乐，几乎要将这幅画一毁了之。幸好此时计上心来，将这幅铜版刻画命名为"左撇子"。

真是让人忍俊不禁，不过倒也是相得益彰的。毁掉一幅自己精心创作的作品，不仅白费了心血，而且也给人带来精神上的打击。如果不能想到补救的办法，那就只好忍痛毁掉。在已经造成错误的基础上，似乎只能将错就错了。

在一家药店里，一位顾客气愤地对经理说："一星期前，我在这买的生发膏，我用了后一点作用也没起，我要求退款。"

"你能详细解释一下吗？"

"你说，'它可以与脱发做斗争的'，可是它根本不起作用。"

事实上，再好的生发膏也难以在一个星期内起作用，经理灵机一动，接着说："您再试试看。我是说过，这种生发膏可用来与脱发做斗争，但并未说，它在一周内一定就能取得胜利啊。"

听药店经理这么说后，顾客由愤怒突然转为大笑，经理见他情绪已经平静了下来，不失时机地向顾客再次阐明使用方法，请他回家再试一段时间，事情到此结束。机智幽默的对答让经理取得了这次谈判的胜利。

生活中，当遇到有人强词夺理时，你不妨也用将错就错的方法，给予对方有力的回击。

乔治·费多到饭店里用餐。
当女服务员送来一只缺了腿的龙虾时，他感到了不满。
"大海中的龙虾爱打架，被打败的往往就会变得残肢少腿，"服务员振振有词地解释道，"请您原谅，这是龙虾的错！"
"既然这样，"乔治·费多吩咐道，"快把这只失败者端走，把那只斗赢的成功者送来！"

服务员强词夺理，硬拿龙虾打架这种荒唐透顶的理由来掩饰自己服务不周的错误；乔治·费多于是隐忍不发，并没有直接指责服务员，而是将错就错，先肯定了服务员的理由是"对"的，然后说出一句表面看来合情合理，实则不合常理的话，把尴尬推给了服务员，让服务员自食其果。

玩笑自嘲：用谦逊赢得影响力

人们总抱怨说幽默很难，其实幽默很容易，只要学会嘲讽自己，你天天都是幽默的。开个玩笑自嘲一下，没有人会笑你傻，真正傻的人是不懂自嘲的。

如果我们有风趣的思想，我们就可以充满自信地面对自己的缺点，比如不尽如人意的身高，或者不够漂亮的脸蛋，抑或是不够完美的工作环境与生活状态。当你换一种角度看待自己所经历的一切，乐观地享受此刻的不快，不久之后，我们就会发现豁然开朗的另一片天地。因此，不妨试着在顺境的时候自嘲一番，在逆境的时候也自我幽默一把，相信好运迟早会降临。

幽默的生活态度总是能够给我们带来新的视角，总是能够让我们用一颗平常心应对生活中的苦与乐。玩笑自嘲，作为一种谦逊而又豁达的胸怀，让我们在与人分享欢乐的同时，享受一份温暖和谐的人际关系。

自嘲是自己对自己的幽默，是消除自己在社交场合、与人沟通中胆怯的良方。自嘲是运用戏谑的语言，向别人暴露自身的某些缺点、缺陷与不幸，说得直接一些，就是把脸上的灰指给对方看。俗话说得好，"醉翁之意不在酒"，自嘲同样是这个道理，自嘲在社交活动中有着独到的表达功能以及实用价值。

长篇小说《围城》重版，《谈艺录》与《管锥编》问世以后，钱钟书的名声日盛，求访者愈来愈多，但钱钟书又有不愿意接受访问的脾气。有一天，一个英国女士打电话给他，要求拜访，钱钟书在电话里不无幽默地说："如果你吃了一个鸡蛋感觉很好，又何必非要认识那只下蛋的母鸡呢？"

钱钟书自比"母鸡"，虽然是有意贬低自己，却是在说英国女士没有必要来拜访自己。正如人们喜欢谈论一些关于别人的笑话一样，在适当的时候，也可以拿自己开开玩笑，自我解嘲。

一个懂得自嘲幽默的人必定是一个社交高手，是一个在与人交往中能够独守个性与乐观的人。自嘲可以巧妙地把陷自己于不利的因素，用一种荒诞的逻辑歪曲成有利因素，将自己从困境中解脱出来。

自嘲可以使人们在笑的同时，把你的窘态忘得一干二净。所以，巧用自嘲，既可以使自己在众人中平添风采，又能在幽默风趣、令人愉悦的情况下，取得皆大欢喜的结果。

世界上最不幸的就是那些既缺乏机智又不诚恳的人。很多人常常自以为很幽默，经常喜欢拿别人开玩笑，处处表现出小聪明，结果弄得与他交往的人不敢再信任他，以前的朋友也会敬而远之，纷纷躲避。

适当地拿自己开开玩笑吧，这不仅是一种机智，更是驱散忧虑、走向快乐的法宝。

顺水推舟：顺势而为成就幽默

顺水推舟的方法有很多，有因果顺推、选择顺推等。

妻子：昨晚我做了一个美梦，梦见你答应给我 1000 元钱买衣服。亲爱的，你会成全我的美梦吧？

丈夫：那当然。说来真巧，昨晚我梦见自己把 1000 元钱给了你了！

夫妻之间来点幽默可以增加很多的情趣，让生活更美好。面对妻子的美梦，丈夫当然知道妻子的小心思，但却不是简单地回

答"我会或者不会成全你的美梦",这样不但没有任何幽默可言,相反还可能惹来一场争吵。聪明的丈夫顺着妻子的话,巧妙地回答自己在梦里已经成全了妻子。以"梦"对"梦",顺水推舟,幽默有趣。

因势顺推主要针对的是对方不善意的讽刺、嘲笑或者攻击。当遭遇这些时,你先不要急着反击对方,而是顺着对方的话说下去,把自己的反击包含在其中,在保持幽默的同时达到反击的目的,这样的效果更佳。

曾经有一位外国记者采访周恩来总理,周总理刚批阅完文件,顺手把钢笔放在桌子上。外国记者看见桌子上放的是一支美国生产的"派克"钢笔,便故意问:"请问周总理,你是中国的总理,为什么还要用美国生产的钢笔呢?"

周总理朗声笑着回答道:"提起这支笔,那可说来话长,这不是支普通的笔,而是一位朋友在朝鲜战场的战利品,并作为礼物送给我的,我无功不受禄就想谢绝,哪知那位朋友说,留下做个纪念吧!我觉得有意义,便收下了这支美国生产的钢笔。"那记者听完后,一句话也说不出来。

周总理针对外国记者企图讽刺、讥笑中国落后的意图,成功地巧借话题,说出了这番幽默风趣而又有分量的话。周总理用"战利品""做个纪念"和"觉得有意义"等词句暗示,这支笔正是中国战胜美国的见证。

在经过一场激烈的争论之后,作家对厨师说:"你没有从事过写作,因此你无权对这本书提出批评。"

"岂有此理!"厨师反驳道,"我这一辈子没下过一个蛋,可我能尝出炒鸡蛋的味道,母鸡能行吗?!"

厨师妙用类比法说出了其中的道理,让作家无言以对。这则故事浅显易懂,却充分显示出了幽默与智慧的关系。

顺水推舟,是借人之口,为自己所用,不做正面抗衡,而是在认同,甚至赞美的言语中出其不意,巧妙给予回击。利用这种方法会让对方防不胜防,在对方满以为自己已经胜券在握时,给对方迎头一击。

我们常在武侠影视里听到"借力打力"的说法,顺水推舟与之有着异曲同工之妙。其精髓就在于把对方的话语加以深化,从而显示出矛盾点,表现出幽默效果。只要细心一点,善于从对方的语言中找到着力点,就能巧妙而有趣地回击对方。

俄国作家克雷洛夫长得很胖,又爱穿黑衣服。一次,一位贵族看到他在散步,便冲着他大叫:"你看,来了一朵乌云!"

"怪不得蛤蟆开始叫了!"克雷洛夫看着臃肿的贵族答道。

作家巧借对方口中"乌云"为着力点,因势顺推,以"蛤蟆"作为回击,既顺理成章又幽默有趣。

有两个轻狂的青年,骑着高头大马在路上趾高气扬地走着,迎面走来一位牵着驴的老妇人，两位年轻人带着嘲弄的口气向老妇人"致敬"："早安，驴妈妈。"

"早安，我的孩子们！"老妇人答道。

老妇人巧妙借用对方话中的"驴妈妈"这个词语，顺其之势，以"我的孩子们"这个巧妙的措辞平和而又幽默地回击了两个青年的侮辱。

以上几种幽默还击方法的关键在"顺"和"推"两个字上。首先要在别人的话语中发现着力点，即可顺之物，或是形式，或是内容，把握其内在的意图，然后顺着这种内在的意图，"推"出与之有关又出乎对方意料的意思，幽默也就轻松产生了。此时的幽默就像是击石产生的火花，是瞬间的灵思，所以你必须要集中你的精神于一点，才能说出幽默的语句，以"四两拨千斤"之势化解尴尬的场面，完成不露骨的自卫与反击。

第三章

助力社交，幽默让你独领风骚

人际交往遇僵局，试试幽默破冰法

　　社交过程中，并不是一帆风顺的。当你在人际交往中遇到了让自己尴尬、让他人尴尬、让自己为难、让他人为难的境况时，不要着急摆脱，学会运用幽默的智慧将谈话的感情色彩淡化，才能将交际之冰巧妙融化。幽默口才有如春风一样让人心旷神怡，愉悦人的情感，让你在亲切友好的氛围中拉近与对方的距离。毫无疑问，这就是幽默在交际中的魅力与威力。

　　因此，在社交活动中如果遇到让人尴尬而不满的情景，最好不要生硬地表达不满，要学会运用幽默的圆融，淡化感情色彩，转移尴尬与不舒服的情绪注意力。

　　在纽约国际笔会第 48 届年会上，轮到陆文夫（原中国作家协会副主席）发言。面对来自世界 40 多个国家和地区的 600 多位代表，他不慌不忙，侃侃而谈。

　　有人问："陆先生，您对性文学怎么看？"这是一个尖锐的问题，回答不好会涉及不同国家的文化冲突问题。

　　陆文夫清清嗓子说："西方朋友收到礼品时，往往当面就打开看看，而中国人相反，一般都要等客人离开后才打开。"

　　听众席里发出会意的笑声。陆文夫面对难以回答的问题，别出心裁地用一个充满睿智和幽默的生动比喻，把一个敏感棘手的问题解答得既简练通俗又圆满精辟。凭借诙谐的语气表达自己对此态度的认同，淡化了感情色彩。

无独有偶，英国前首相丘吉尔也曾经在公众场合遭遇了尴尬事件。但是，他没有被突如其来的嘲笑所吓倒，因为幽默的智慧远远胜过嘲笑的挑衅。

丘吉尔在执政的最后一年，出席一个政府举办的仪式。在他身后不远的地方有几个绅士窃窃私语："你看，那不是丘吉尔吗？""人家说他现在已经开始衰老了。""还有人说他就要下台了，要把他的位子让给精力更充沛、更有能力的人了。"当这个仪式结束的时候，丘吉尔转过头来，对这几个绅士煞有介事地说："唉，先生们，我还听说他的耳朵近来也不好用了。"

丘吉尔知道，自尊自爱就要以适当的方式来表达自己的思想感情，他在这里的幽默一语，既淡化了感情色彩，给自己解了围，表达了不满，又使那些绅士自讨没趣。

社交场合碰到别人不恭的言行，不能发作，憋在心里不好受。把表示不满的语言用幽默掩饰一下，让对方知道你不高兴，不至于破坏友好气氛，是个不错的方式。在社交场合中，随时都可能遇到"结冰"的状况，灵活的人会选择用幽默的沟通方式破除不和谐的"坚冰"。淡化感情色彩的幽默技巧，是走上成功社交之路的法宝，是我们在现代生活中立于不败之地的重要技能。

欲擒故纵，幽默地说服他人

欲擒故纵幽默法的逻辑学常识告诉我们，有时同一个语言在不同的语境中可以表达不同的概念，有时不同的语词却可以表达相同的概念。

这种欲擒故纵幽默法，一般很有效力，一是增加了幽默感，从而使他的要求更易于使对方接受。因为心理学理论告诉我们，同一要求，采用不同的方式表达，其客观效果是不一样的。二是先放后收，使对方难以讨价还价，只得照办。

日本的银行不允许职员留长发，因为留长发会给顾客留下颓废和散漫的印象，有损银行的形象。

有一次，一家银行的经理和人事部主任接待一批经过笔试合格的考生，发现其中有不少留长发的男子。为了能使这些留长发的考生都剪短头发，人事部主任在致辞时，没有正面提出要求，而是充分运用了他杰出的口才和幽默感，只说了几句话，便使留长发的考生愉快地接受了他的意见。他是怎么说的呢？

这是位留着短发型的人事部主任，他说："诸位，本行对于头发的长短问题，历来持豁达的态度，诸位的头发只要在我和经理的头发长度之间就可以了。"

众人立即把目光投向经理，只见经理面带笑容站起来，徐徐脱帽——露出了一个光头。

　　人事部主任使用的就是欲擒故纵法,他的本意是要求考生们都留短发的,但他却不直接说出来,而是故意表现出一种豁达的态度,似乎他们的要求并不高。

　　从表面上看来,银行对于头发长短问题历来持"豁达的态度",好像是"纵",实际上,"诸位的头发长度只要在我和经理的头发长度之间就可以了",却是"擒"。他是用不同的语句表达了同一个概念。以退为进又称为欲擒故纵的战术之一。

　　"以退为进"是军事上的用语,暂时退让,输赢未定;伺机而进,争取成功,这就是一种欲擒故纵的策略。谈判也如打仗一样,亦是互相交锋,争斗激烈。有时要继续谈下去,有时则要暂时休会;有时要据理力争、讨价还价。有时候,即使双方都做了许多让步,但双方的谈判立场仍有很大差距,似乎谈判已钻进了死胡同。在确信谈判双方有许多共识,并且主动权在我方手里时,便可采用以退为进的方法,逼迫对方答应我方的条件。当然,这需要谈判者娴熟口才技法的运用,以免被对方识破。

　　如果你是对的,你要坚持自己的观点,说服别人接受,那么,最好试着以一种温和、幽默、豁达的态度和技巧达到目的。退一步实际上可以让你进两步,这就是以退为进的高明之处。

　　社会上有许多人并不是以论据去提出反对,往往是意气用事,强硬说服,为反对而反对,若有一方能稍稍让步,对方就会不再反对,从而使气氛缓和下来。

另辟蹊径，小幽默有大智慧

每个人都有天生的创造性潜能，创造在说服过程中的比重越大，越容易激发他人的好奇，也越容易将他人的思绪引入自己的思路中来。因此，另辟蹊径使说服在幽默中悄然进行，使说服在智慧的口才中变得不再坚不可摧。

一家美国企业在支付对外账单时，总因为不知先付哪家公司的欠债才妥当，陷入了纠结。

但也有例外，仅有一次。

那次老板很干脆，他豪爽地说："马上给他。"

那是一张传真过来的账单，除了列明货物标的价格、金额外，大面积的空白处写着一个大大的"SOS"，旁边还画了一个头像，那个人正在滴着眼泪，头像线条简单，但很生动。

这张不同寻常的账单一下子引起所有财务人员的注意，也引起了老板的重视，他看了便说："人家都流泪了，以最快的方式付给他吧。"

这张特别的账单采取了与众不同的表达方式，它没有运用千篇一律的讨债方式，而是另辟蹊径，巧用一个"SOS"和一幅生动的图像，既表达了自己不得不要债的困境，又委婉而不失幽默地展示了自己的趣味心态。这样的讨债方式，不仅能够让他人更加信服，还能够博得他人的无限同情。这样的讨债方式可谓"一箭双雕"，令人拍案叫绝。

需要注意的是，很多人在和别人说理时，会在不经意间触动别人的自尊，从而火上浇油。如果我们能运用好"另辟蹊径"这个幽默招数，改变说话的方式，得到的效果往往会不一样。

反击不要太严肃，幽默一点更有力

鲁迅说："用玩笑来应付敌人，自然也是一种好战法，但触着之处，须是对手的致命伤，否则玩笑终不过是一种简单的玩笑而已。"玩笑是一种幽默的表现形式，在幽默的范围中，只有正面的、积极的、恰到好处的幽默才能被归入幽默的圈子。

因此，幽默可以是玩笑，但玩笑并不一定就是幽默，幽默可以用来维护自己的尊严，却不能用来攻击他人的尊严。

社会上不乏一群总喜欢用玩笑中伤他人的人，他们总是扫别人的兴，以看到别人的难堪为快，其人品很差。我们如果刻意躲闪，反而使自己手足无措，使他人得意忘形。因此，我们必须懂得幽默反击，让那些"伪君子"自惭形秽于幽默的攻势下。

1988年，美国第41届总统进行竞选。民意测验表明：8月以前，民主党总统候选人杜卡基斯，比共和党总统候选人布什多出10个百分点。当布什与杜卡基斯进行最后一次电视辩论时，布什巧辩的策略是，抓住对方的弱点，遏其要害，戳在痛处，从而让对方陷入窘境。杜卡基斯嘲笑布什不过是里根的影子，用嘲弄式的发问"布什在哪里"。布什却幽默、轻松地回答了他的发问："哦，布什在家里，同夫人在一起，这有什么错吗？"

布什的幽默与杜卡基斯的人身攻击形成鲜明对比，杜卡基斯的玩笑是揭人之短，布什的幽默则是在为自己的涵养告白，虽是平淡的一句话，但既表现了布什较高的道德修养和幽默的品质，又讥讽了杜卡基斯的风流癖好，置杜卡基斯于极尴尬的境地。

有时，社交场是没有硝烟的战场，不懂得说话的人将会经常遇到尴尬，不懂得幽默的人更会活得不够圆润。有时，别人可能用指桑骂槐的方式对你进行猛烈的人身攻击，侮辱你的人格。对此，你如果质问对方，正面回击，可能正中对方下怀，他会说："我并没有指明是你，你为什么要往自己头上硬扯？"要回击这类人身攻击，最好的办法是采用同样含沙射影的幽默方式反击对方，取得借水行舟的效果。

林肯是美国第16任总统，他对政敌的态度引起了一位官员的不满。他批评林肯不应该试图跟那些敌人做朋友，而应该消灭他们，包庇敌人是在为难自己。面对质问，林肯面不改色，温和而略显幽默地说："当他们变成我的朋友时，难道我不是在消灭我的敌人吗？"

有个成语叫急中生智，幽默的应变能力正是这种急中生智的诙谐表现。要做到幽默中有随机应变，就需要灵敏的思维、丰富的语汇、渊博的知识和娴熟的技巧。只有掌握了各种应对尴尬局面的幽默技巧，受人责难时才能使自己立于不败之地，才能成长为社交中的佼佼者。

掌握幽默技巧，打造良好人际关系

心理学家凯瑟林曾说过："如果你能使一个人对你有好感，那么，你就可能使你周围的每一个人，甚至是全世界的人都对你有好感。只要你不是到处和人握手，而是以你的友善、机智、风趣去传播你的信息，那么空间距离就会消失。"的确，幽默能使人感到亲切，能拉近人与人之间、心与心之间的距离。

汤姆在外地迷失了方向，一位热心的过路人走过来问："你是不是走丢了？"

汤姆笑道："不，我还在这儿，可是火车站却的确被我丢了！"

过路人被他的诙谐幽默所感染，亲自把他带到了车站，后来还彼此留下了联系方式。

这就是幽默的力量，它所挥发出来的亲和力无与伦比，让他人不自觉地向你伸出温暖之手，让你在人生路上减少很多曲折。

所谓亲和力，是指在人与人相处时所表现的亲近行为的动力水平和能力。亲和力的高低常常取决于一个人的容貌特征和性格特征，如有的人生来不爱笑，有的人从小不爱亲近人，有的人天性爱热闹……但是所有这些都不是最重要的，只要你还懂得幽默，你的身上就不会丧失亲和力。特别是与陌生人相处时，适当的戏谑可以一定程度上消除相互之间的陌生感。

从前有个邢进士，长得又矮又小。有一次，他在鄱阳湖上遇到强盗。这伙强盗把他的银钱抢到手后，还想把他杀了，以除后患。一个强盗刚刚举起鬼头大刀，邢进士赶忙凑趣地说："人家已经叫我邢矮子了，你今天再把我的头砍掉，我不就更矮了吗？"强盗听后大笑，竟然收起大刀，放他走了。

反观某些人，当出现一点小矛盾、小冲突时，缺少幽默细胞以缓和矛盾，动不动就勃然大怒，从他们的身上很难看到亲和力。这就是死板之人与幽默之人之间的差距。因为死板，有些人往往捉襟见肘、处处受制，把人际关系搞得剑拔弩张；因为幽默，有些人左右逢源，灵活应变，广结人缘。

亨利·盖伊·卡尔顿是美国剧作家。他创作剧本和他的口吃一样为众人知晓。但是他并不为此忧虑，并且常常利用这种特殊的说话节奏营造出幽默效果。

有一次，他对喜剧演员纳特·古德温打招呼："古……古德温先生，我……我能占……占用您一……一刻钟吗？"

"当然可以，您有什么事？"

"我……我想与……与您谈……谈五分钟的话。"

有趣的言辞让两人同时感到了愉快，一场远远超过一刻钟的对话进行得异常顺利。

我们不得不承认亨利·盖伊·卡尔顿善用幽默的大智慧，同时，也不难看出，幽默可以显示一个人的聪明才智，使人倾倒，同时也能激起他人的兴趣；幽默还可以缓和紧张的气氛，在人际交往中，我们难免遇到许多棘手的问题或尴尬的场面，恰当地运用幽默，能产生神奇的效果。

两辆轿车在狭窄的小巷中相遇。两辆车虽然都停了下来，但两位司机谁也不准备给对方让道。

对峙了一会儿，其中一个拿出一本厚厚的小说看了起来，另一个见了，探出头来高声喊道："喂，老兄，看完后借我看看啊！"

上面故事中向人借书看的那位司机真是将幽默的艺术发挥到了极致，因为本来用幽默的话语将矛盾的热度降低到零点，两人把车开出小巷之后就已经达到了目的，他却没有就此停止，而是通过进一步的幽默将两人发展成朋友关系。所以，当我们与陌生人发生冲突的时候，如果能幽默一点、大度一点，矛盾应该就可以化解，敌意也能转变为友好。

这充分证明了，当一个人和他人关系紧张时，即使在一触即发的关键时刻，幽默也可以帮助彼此从容地摆脱不愉快的窘境或矛盾状态，开拓一段新的友谊。

老舍先生曾经说："我觉得幽默是一种平常心、平等心的表现。"这就是说，我们使用幽默的时候，和人沟通的时候，是从怎样的一个出发点，是抱着怎样的一个态度面对的。如果一个人抱着与人为善的态度和出发点去和别人交往,那么他的语言就有感染力和说服力,幽默感也会随之而生。

如果说语言是心灵的桥梁,那么幽默便是桥上行驶最快的列车,它穿梭在此岸与彼岸之间,时而鲜明、时而隐晦地表达着某种心意,并以最快捷的方式直抵人的心灵。

当然,幽默风趣并不是油滑、浅薄的耍贫嘴、打哈哈。它是智慧和灵感的闪光,是一种高妙的应变技巧,能含而不露地引发联想,出神入化地推动人们领悟一种观点、一种哲理,帮助人们在瞬息之间摆脱令人尴尬的窘境。更重要的,幽默风趣是一种品味、一种素质、一种特性、一种情怀的流露。

有人形象地说:没有幽默感的语言是一篇公文,没有幽默感的家庭是一间旅店,没有幽默感的人是一座雕像。是的,没有幽默感的人就是一座雕像,冷冰冰的,使人难以亲近。让我们学会幽默,给自己增添一份迷人的亲和力吧!

第四章

职场沟通，幽默让你更得意

请出幽默，助面试一臂之力

大多数人面试时都表现得略显紧张，有不少有能力、有才华的人为此痛失机会。对于面试官来说，紧张慌乱的应聘者，意味着不能很好地胜任工作。此时，如果你善于制造幽默，就可以借此化解紧张气氛。

在求职过程中，求职者面对面试官的问题，可以采取幽默回答的灵活方式，这样不但能够活跃气氛，还能够让面试官看到自己的活力与热情，进而会更容易获得面试官的好感。获得成功的道路可以说有千万条，而幽默是一条阳光大道，是潇洒走一回的必然选择。

一位面试官这样问一个应聘者："为什么你要选择教师这个职业？"

应聘者回答："我从小就立志长大后要做成功人士的妻子。但是现在才知道，我能做成功人士妻子的机会实在渺茫，所以改变主意，决定做成功人士的老师。"

这位应聘者的回答博得在场人员的一片掌声，结果她被录取了。

这位应聘者的明智之处就在于打破了常规思维和表达模式，

以真实感受胜人一筹；她用了"成功人士"这个词语来贯穿前后所说的自己所立的志向。其幽默的谈吐，既清楚表达出自己的意图，又语出惊人，新颖而不落俗套，因而她获得了成功。

在美国纽约，一个人到一家公司去求职。

经理说："对不起，应聘的名额已经满了，要到我们公司工作的人已经够多了，他们的名字我根本登记不完。"

这个求职者喜形于色，说："太好了！太好了！既然你都忙不过来了，说明贵公司还需要人，你就安排我做登记员吧！"

如果这位应聘者不是久经职场，对自己充满自信，也不会在面试中如此幽默、迅捷地利用招聘者的问题为自己争取机会。幽默是自信的表现，是善于处理人际关系的反映。可以说，哪里有幽默，哪里就有活跃的气氛；哪里有幽默，哪里就有笑声和成功的喜悦。为此，在面试的时候，不妨来点幽默，不仅能使自己放松，也会使招聘者记住你，可能还会使你在面试中脱颖而出。

工作压力太大，请服用"幽默降压药"

在工作中，难免会遇到一些比较难处理的问题，比如应对严格要求的老板，对付难缠的客户，维持争论不休的会议，等等。面对这些棘手的问题，我们是束手无策，不采取行动，还是用适当的方法加以解决呢？答案当然是要积极面对了，那我们以什么方法应对呢？那就幽默一些吧，这样不仅可以让我们的职场生活更快乐、更轻松，还可以帮助我们完成一些难以完成的工作，从而让我们把工作做得更加得心应手。

小丽是一家跨国企业的部门秘书，她的部门经理是一个外国人。有一次，小丽给她送午餐，不小心打翻了餐盒，所有的东西都掉在了地毯上。经理见状，顿时激动起来，发了脾气，冲着小丽喊道："哦，上帝，赶紧清理干净，要不然蟑螂就要来袭击我的办公室了。"她就这样冲着小丽反复叫喊着。

小丽没有乱了阵脚，一边打扫一边抬起头，微笑着说："经理，您放心，这种事不会发生的，因为中国的蟑螂只爱吃中餐。"

听到小丽这样一说，经理停止了叫喊，脸色好了很多，心情一下子就顺畅了。

遇到让人难缠的上司，不想些幽默的点子不好应付。像小丽

抓住上司的文化背景和职场习惯，看准时机幽默一下，结果肯定是快乐的。当然在幽默的时候一定要看清对象，要因事而异，因人而异。解决麻烦问题，也是考验我们的应变能力，其实只要我们凭借聪明才智，化繁为简，迎难而上，什么事情都可以幽默轻松地搞定。

幽默是工作难题的克星，懂幽默的人懂得如何在工作中实现自己的目标。

汤姆是个个子不高而又害羞的孩子。假期到了，他在一家公司的办公室做勤杂工，尽管工作很累，一星期也只能挣到6美元。一天他终于鼓足勇气，去找老板要求加工钱。

老板说："你是个诚实的孩子，不是懒骨头，你想加多少？"

汤姆回答说:"我想一星期加 4 美元,不算多吧?"

"哎呀,你这么大点儿就要 10 美元一星期?"老板说。

汤姆回答:"我知道,就我的年龄来说,我的个头是有点小,但实话跟您说吧,自从我到咱们公司来工作后,就忙得没工夫长个子了。"

老板听后哈哈大笑起来,说:"既然如此,我只能给你加营养了,就按你说的标准来吧!不过,可不能只长肉,不干活啊。"

汤姆是个懂幽默的员工,在笑声中讲出自己的苦衷与理由,既得到了老板的认可,还使自己的加薪请求得以实现。

巧用幽默，离晋升更近一步

从某个角度说，职场是一个小型社会，作为员工在公司中除了要做好本职工作外，最重要的是快乐地融入职场环境。聪明的下属在上司面前不会做作，但会幽默。

在员工与上司之间的关系中，上司处于掌控关系的主导地位，员工难免会遭受到上司的批评或者指责，让员工感觉到委屈与压抑。这个时候，如果你一脸的愤怒与不服气，只会加重与上司之间的矛盾与隔阂。但是，如果你能够坦然接受批评，运用幽默的谦和与乐观表现出对上司的理解和支持，那么上司就会对你另眼相看。尽管他在批评你的时候没有任何表情，但是他已经暗中肯定了你的态度。所以说，无论上司会对你怎样，请学会用幽默的方法和技巧来应对。

一次，乾隆皇帝突然问刘墉："京城共有多少人？"刘墉猝不及防，却非常冷静地回了一句："只有两人。"乾隆问："此话何意？"刘墉答曰："人再多，其实只有男女两种，所以说只有两人。"皇帝又问："今年京城里有几人出生？有几人去世？"刘墉答："只有一人出生，却有12人去世。"乾隆问："此话怎讲？"刘墉答曰："今年出生的人再多，也都是一个属相，岂不是只出生一人？今年去世的人则12种属相皆有，岂不是死去12人？"

乾隆听了之后大笑，深以为然。

刘墉是一位智者，是一个懂得幽默的人才，他在回答皇帝提出的问题时用一种大智若愚式的智慧，深得皇帝的喜欢与欣赏，也难怪刘墉很长时间以来一直是皇帝身边的红人。

身在职场的我们一定要做到心里明白，外表糊涂，大智若愚的幽默语言会让你深得上司的赏识，助力自己平步青云。从这一点上说，在职场上成功，才干加上勤勉很重要，懂得在关键时刻说适当的话，也是成功与否的重要因素。其中，员工对上司的幽默运用时需要注意一定的技巧。

第一，应该善于调整好自己的心态，没有谦逊的学习姿态，幽默只会变得做作甚至是卖弄。

第二，要学会运用自嘲，在上司面前嘲笑自己也会凸显上司的英明，这会让上司在肯定自己的领导力的同时，也会对你的幽默心态大加赞赏。

第三，若要与上司在情感上进一步拉近，暖色幽默是一个很得力的助手。与上司多运用一些暖色幽默的技巧，几乎没有什么问题是解决不了的。所谓暖色幽默不同于一般的搞笑幽默，搞笑幽默是笑过之后就没有什么太大的影响与深刻的记忆了，而暖色幽默则会通过平和友善的姿态、妙趣横生的语言，让人们在微笑中产生对你的敬服，从而加深印象。

意见可以提，但怎么提是一门技术

在职场中，下属作为团队中的一员，总免不了要与上司打交道，常常要向上司表达自己对某工作的一些看法，或是提出一些对工作或业务发展的建议。这个时候，要注意说话的技巧了，如果自己用词不当，便会导致沟通不能顺利进行下去。更严重的话，还有可能使上司对自己产生一些误解，使自己在单位中的处境变得不那么乐观起来。那么，要用什么样的方法呢？不妨试着培养一下自己的幽默风趣感吧。

幽默能让你的回答更加婉转，让你的上司更加容易接受，既达到了提意见的目的，又融洽了气氛。在下面这个故事中，一个员工迂回地表达了对公司伙食的不满，让他的上司一下子就明白了员工的早餐状况，并采纳他的意见提高了员工的伙食标准。

某公司的总经理早上去慰问自己的员工，并顺便询问了员工的早餐状况。大部分员工碍于情面，都含糊其词地回答说"还行""可以"。只有一位员工很得意地说："早上我吃了一个鸡蛋、一碗麦片粥、三块蛋糕、两个夹肉卷饼、一个苹果。"经理听完之后，半信半疑问这位员工："你们的标准差不多都要赶上'国王'的早餐了！"等总经理说完，这位员工毕恭毕敬地回答："很遗憾的是，这是我在外面餐馆享受的标准。"总经理听完，立马明白了员工的意思。

这次慰问之后,总经理便马上开会讨论,责令后勤部门改善员工的伙食。有的时候,一个小小的幽默就是这样的奇妙,轻易地让别人采纳了自己的想法和意见。

在工作中,有些上司总是对员工的要求比较苛刻。对某一个问题,如果员工有不同的意见也不乐于采纳。对一个称职的员工来说,坚持自己的看法和立场是重要的,做事遵循一定的原则,不能因为上司的吹毛求疵而轻易改变自己的看法,所以要敢于指出上司工作中的不足。但这是需要勇气的,而能够比较幽默地表达出来的话,便能让上司在知道错在哪里的同时,还会有意识地改正自己的错误。

某公司的李经理对下属非常严厉。公司最近新聘请了一位员工小王,对待小王,这位李经理总是颐指气使地训话:"你既然是我的下属,就一定要懂得服从,我让你往东,你就不能往西;让你做什么,你就得做什么,明白吗?""知道了,知道了!"小王诚惶诚恐地答道。

这样过了几天,有一位贵宾来访。李经理让小王给客人端茶、倒水、递烟。事情做完后,小王便站在了旁边。这时,李经理要为客人点烟,却发现没有打火机,便气急败坏地吼道:"笨蛋!烟、打火机、烟灰缸都是环环相扣的,没有打火机怎么点烟呢?你就不能学聪明一点吗?"小王连忙点头称是。

过了几天，李经理生病了，吩咐小王去请医生。结果小王去了三四个小时才回来。于是李经理又开始骂了："笨蛋！就这么点小事，需要那么长时间吗？"这时，小王故意大声喊道："经理，您要知道，要办的事情多着呢，现在医生、律师、棺材店老板、殡仪馆业务员都在外面等着了呢！"

这个小王还真是风趣，简单的一句话便把傲慢成性的李经理好好地讽刺了一番。

在职场中，每个人都渴望自己的工作成绩能够和收入成正比。但有的时候，类似加薪这样的美好愿望要怎样向上司提出来呢？是直截了当地提出加薪要求，还是委婉地表达自己的愿望，让对方明白自己的想法呢？当然，后者应该是更可取的。否则，不但自己加薪不成，反而会引起上司的反感，影响自己在公司的发展。

下属需要向上司提建议时，通过幽默的方法，把建议表述得含蓄委婉，从而可以使自己处在进可攻、退可守的位置，让自己立于不败之地。

幽默地"秀"出幕后功劳

　　你的身体蕴藏着巨大的能量，成功并不需要让自己彻底改头换面，你要做的只是恰如其分地将自己的优点与优势展示出来，将自己的潜能充分发挥。幽默口才可以帮助你在工作中做到这一点，既能够凸显出你的人格魅力，又能衬托出你的工作能力。

　　文艺复兴时期，意大利雕刻家米开朗琪罗用了多年时间，完成了举世闻名的大理石雕刻，名为"大卫"（现在存放于佛罗伦萨美术学院）。当朋友问米开朗琪罗雕刻出栩栩如生的大卫像的秘诀时，他只是诙谐地说："大卫本来就在这块大理石里面，我只是将不属于大卫的石块凿掉罢了！"

　　米开朗琪罗对于自己闻名于世的雕刻作品"大卫"，没有显示出骄傲，也没有完全赞美自己的功劳，反而对自己的朋友以幽默展示出了谦逊，谦逊没有降低他的成就，反而让他的智慧更加被世人赞扬。

　　我们怎样将米开朗琪罗这种幽默的技巧应用到工作中呢？面对自己的上司，应该怎样将自己的能力与优势向他婉转地表达，既不会让上司发现自己是在故意卖弄，还可以让上司看到自己的成绩呢？

不要以为自己和其他员工一样，都是在上司的视野里努力工作的，只要用功了，就能得到应有的奖赏。很多时候，并不是如此，有时候自己一直在拼命地工作，上司却也可能一点都看不到。这是一个信息化的时代了，只埋头做事情是不够的，一定要懂得和上司沟通，让自己的成绩在上司面前含蓄地表达出来。否则纵使你很累很忙，也很难获得加薪、升职的机会。

文先生自从毕业之后就在一家销售公司上班，工作一直非常认真，自我感觉也良好。但是，上司似乎总也看不到他的成绩，原因在于文先生不喜欢表现自己，上司让他们谈论自己成绩的时候，他总是很谦逊地说："其实，我也没有做出什么成绩，我只是个协助的小角色，都是在大家的帮助和努力下完成的。"

后来，文先生意识到这样的回答不会让上司觉得这是在谦虚，反而会觉得自己真的什么都没有做。于是，文先生对语言进行了加工。有一次，他只花了一个星期就将一笔业务谈成了。于是，他开始趁热打铁，要显示自己的功劳。

在一个偶然的机会，他开玩笑地跟上司提起："我刚和一个朋友谈完，马上就能促成这笔生意，前后还不到几分钟的时间。更具体地说，我的思想还停留在谈判的过程中呢，没想到就被谈判成功的结果给拽出来了。"

上司非常高兴，他建议文先生告诉公司的财务部门，好让公司同仁知道这个订单。后来，文先生升职做了主管。

工作中，不管自己做了多少事情，付出了多少努力，如果自己只字不提，就不会有谁帮你去告诉上司。上司也不会将自己的注意力集中在某个员工的业绩上，他们关心的是整个公司的运转。不留痕迹地含蓄地表述功劳，正适合那些有点内敛的人。

如果你没勇气直接向上司表露功绩，就学习一下这种幽默的方式吧。这种方式不仅能让上司对你刮目相看，还能充分体现你的聪明和技巧。幕后英雄总是以默默无闻的姿态做着非凡的事情，但是这里说的幕后英雄却不是如此，而是指明明是自己的功劳，却被安在了别人身上。

作家黄明坚有一个形象的比喻："做完蛋糕要记得裱花。有很多做好的蛋糕，因为看起来不够漂亮，所以卖不出去。如果在上面涂满奶油，裱上美丽的花朵，人们自然就会喜欢来买。"

工作也是一样，除非你打算继续坐冷板凳，蹲在角落里顾影自怜，否则每当做完自认为比较出彩的工作时，都要记得向上司、同事做一次报告，别怕别人看见你的光亮；当有人来抢夺属于你的功劳时，也要坚决捍卫。

将自己秀出来是需要勇气和说话技巧的，秀出自己的功劳不妨用幽默的话语，幽默可以让大家在敬佩你的业务能力的同时，更加喜欢你这个人的说话做事风格。

幽默最具感染力，搞定同事更能搞定客户

在令人眼花缭乱的推销行业中，推销手段真是层出不穷、千姿百态。推销大师皮卡尔说："交易的成功，是推销天才的产物。"作为一个成功的推销员，你不仅要有丰富的知识、热忱的工作态度、良好的服务意识、非凡的勇气和韧性，还要有机智的幽默感，因为没有什么比幽默更有利于和顾客建立起良好的关系了。

很多人都碰到过有人向自己推销东西的情况，可以回想一下，哪些推销员给你留下的印象最深。可能很多人会马上想起某个幽默风趣的推销员，因为他曾给自己带来了快乐，而快乐的记忆是最永久的。现代社会中，推销员似乎并不那么受人欢迎，所以想要拉近和推销对象之间的距离，幽默是最好的"接合零件"。有一家公司的总裁说："我专门聘请那些善于制造快乐气氛，并能自我解嘲的人。这样的人能把自己推销给大家，让人们接受他本人，同时也接受他的观点、方法或产品。"

美国有两家保险公司的业务员在推销本公司的保险业务时，争相夸耀自己公司的服务如何周到、付款如何迅速。A公司的业务员说，他的保险公司十有八九是在意外发生的当天就把支票送到投保人的手中。而B公司的业务员也不甘认输，取笑说："那算什么！我们公司在一幢40层大厦的第23层。有一天，我们的

一位投保人从顶楼摔下来，当他在坠落的途中经过第23层时，我们就已经把支票塞到了他的手里。"其结果是那位B公司的业务员赢得了客户的喜爱。

> 我公司十有八九是在意外发生的当天就把支票送到投保人的手中。

> 那算什么！我们公司在一幢40层大厦的第23层。有一天，我们的一位投保人从顶楼摔下来，当他在坠落的途中经过第23层时，我们就已经把支票塞到了他的手里。

　　据说这是一个真实的笑话。那么，说法明显荒诞搞笑的B公司业务员为什么能够赢得更多的客户呢？作为陌生人，谁能尽快消除顾客心中对陌生人的本能戒备和抵触情绪，拉近彼此之间的距离，就意味着他推销成功的概率更大。B公司的业务员正是运用了夸张的语言构成了幽默，迅速拉近了与顾客的心理距离，成功地推销了本公司的保险业务。

　　很多推销员都喜欢使用一招叫软磨硬泡，或者说是软硬兼施，以为死缠烂打就可以让顾客屈服。但事实上，由于太过急功近利，最终往往欲速则不达。其实，只要加进去一些幽默成分，这种软硬兼施的成功率就会有所提高。

在推销的过程中，难免会出现意外，这个时候最考验推销员了。灵活机智的推销员能够用幽默很好地化解意外和尴尬，不会让推销进程就此中止。

推销员乔治口才甚好，而且反应敏捷，善于随机应变。一次，他正在推销他那些"折不断的"绘图T字尺，他说："看呀，这些绘图T字尺多么牢固，任凭你怎么用都不会损坏。"

为了证明他所说的话正确，乔治捏着一把绘图T字尺的两端使它弯曲起来，突然"啪"的一声，乔治目瞪口呆地望着他手中那两截塑料断尺，但只过了两秒钟，乔治又把它们高高地举了起来，对围观的人群大声说："女士们，先生们，这就是绘图T字尺的内部构造。"

对于推销员来说，幽默不是万能的，但是没有幽默是万万不能的。运用幽默来开发客户，就是以幽默的技巧消除与顾客之间的紧张感，使交流过程轻松愉快，充满人情味，最终使产品推销更加顺利。众多的推销事实证明，作为一名推销员，要想在激烈的市场竞争中来往穿梭、游刃有余，就必须掌握幽默推销的艺术。

第五章

玩转幽默,幸福生活不太难

亲近亲友，幽默戏谑不可少

如果说和陌生人的幽默能够拉近彼此之间的距离，能够消除彼此隔阂的话，那么和亲友之间的幽默有着同样的功效。所不同的是，和陌生人之间的幽默要注意分寸，注意场合，注意语言的禁忌，等等。当然这些在亲友之间也适用，但是尺寸要灵活很多。比如，我们可以给亲友起外号，用外号来称呼他，显示的是彼此之间的亲密；我们也可以开亲友的玩笑，甚至揭他的短，但是并不会因此而翻脸，相反还会拉近彼此的距离。所以，朋友之间的戏谑必不可少，如果客气了，反而显得疏远和生分了。

有一个人性格幽默且擅长恭维。一天，他请了几位朋友到家里聚会。他临门恭候，等朋友到来的时候挨个儿问道："你是怎么来的呀？"

第一位朋友说："我是坐出租车来的。"

"啊，华贵之至！"

第二位朋友听了，打趣道："我是坐飞机来的。"

"啊，高超之至！"

第三位朋友眼珠一转说："我是坐火箭来的。"

"啊，勇敢之至！"

第四位朋友坦白地说："我是骑自行车来的。"

"啊，朴素之至！"

第五位朋友羞怯地说："我是徒步走来的。"

"太好了，走路可以锻炼身体，健康之至！"

第六位朋友故意出难题："我是爬着来的。"

"哎呀，稳当之至！"

第七位朋友讥讽地说："我是滚着来的。"

主人并不着急，慢腾腾地说："啊，真是周到之至！"

众人齐笑。

幽默的主人挨个点评朋友们到来的方式，其中不乏戏谑之词，但是由于大家关系比较亲近，不但说到的人没有生气，相反还很好地融洽了整个聚会的氛围，大家在笑声中显得更亲近了。

两个好朋友之间的玩笑和戏谑让人感动，这种幽默是建立在深厚的感情基础之上的，所以才会洒脱、坦荡，乃至有些放肆。

萧伯纳有个朋友名字叫切斯特顿，是著名的小说家。两人关系非常要好，彼此常常肆无忌惮地开玩笑。切斯特顿既高大又壮实，而萧伯纳长得很高，却瘦削得似一根芦苇。他们两人站在一起对比特别鲜明。

有一次，萧伯纳想拿切斯特顿的肥胖开玩笑，便对他说："要是我有你那么胖，我就会上吊。"切斯特顿笑一笑说："要是我想去上吊，准用你做上吊的绳子。"

本来想拿对方开玩笑，却被对方反讽，萧伯纳没有生气，而是哈哈大笑。

这就是萧伯纳，幽默豁达，颇具亲和力。也正是这种幽默和亲和力，使他与当时众多的文人学士建立了深厚的友谊。

在社交场合，有这样一种规律，越是生疏的人，越要彬彬有礼；越是关系亲密，越可以开一些过头甚至荒谬的玩笑。你不妨也牛刀小试，和朋友开开玩笑，既能展现你们之间的亲密感情，同时也能增进彼此的关系。

幽默劝慰，在笑声中遗忘痛苦

　　生活中不如意之事十有八九，谁都难免遇到烦心事，无论是生病、事业的低谷、婚姻的不幸，等等，都会给一个人带来或大或小的精神打击。有的人需要一个漫长的心理调节过程才能得以恢复，有的人则穷其一生都生活在痛苦之中，而有的人则在这样的打击面前失去了生活的勇气。作为朋友、亲人，我们有责任给他们以安慰和劝解，有责任帮助他们重新获得快乐的生活。安慰的技巧是我们每个人都应该掌握的，幽默作为最有效的一种安慰方式更是我们每个人需要学习的。

　　1892年，被维多利亚女王封为"桂冠诗人"的丁尼生逝世了，这项称号也就空了下来。几位声望颇高的诗人作为候选人经常被提出来，但名单中偏偏没有自以为了不起，其实作品水平一般的诗人刘易斯·莫里斯爵士。

　　"对我故意表示沉默，不提拔我，这完全是一个阴谋。"莫里斯向作家奥斯卡·王尔德叫屈说，"奥斯卡，你说我该怎么办呢？"

　　"你也表示沉默。"王尔德给他出主意说。

　　朋友生病是我们常遇到的情况，生病中的人最需要安慰，但是我们一般听到的大多是"怎么样，好点儿了吗""看你的脸色好多了""好好休息吧，你不久一定会康复的"等简单问候语，或者直接询问病人的详细症状和调治方法，这些都太俗套，对于缓解病人的心理压力起不到太大的作用，不能算是有效的安慰。那么，应该怎样给生病的朋友很好的安慰呢？

如果朋友的病情不是很重，情况比较稳定，没有大碍时，你可以说："你多么幸运啊，这周天气不好，工作又繁重，正好可以在家休息，看看书、浇浇花，生活多美好！"

类似这种用幽默的语言安慰病人，从不幸中找幸运，往往能让生病的人心理放松，使安慰发挥良好的效果。

如果对方是久病卧床或者病情比较严重的朋友，那这种劝法就不太合适了，因为此时病人更需要鼓励和信心。我们来看看以下这位朋友是如何安慰他的老友的。

有人去探望一年中因旧病频频复发而第五次住院的老朋友，看到老友憔悴的面容、呆滞的表情，他感到自己必须要鼓励朋友战胜病魔，重获健康。于是他以自己战胜病魔的经历，作了一段风趣的现身说法：

"这家'监狱'（医院）我可是非常熟悉，因为我曾经是这里的'老犯人'，被'关押'在这儿大概有六个月呢，对这里的各种'监规'我可是了如指掌。但是我'沉着应战'，毫不气馁。那时，我每天自己提着输液瓶上厕所，被病友们笑称是'苏三起解'；有时三五天吃不下饭，就直接跟医生说我要'绝食抗议'；

有时难受得我接连几天睡不着觉,我就干脆在床上'静坐示威'。我就这样'七拼八斗'地坚持了六个月,终于得到了'解放'。你看现在'刑满释放'的我多么神采奕奕!你可得向我学习,可不能被'五进宫'吓怕了,坚持住,只要像我这样'不断斗争',很快就会大获全胜!"

这番激情四射的鼓励之词说得老朋友和同室病人都眉开眼笑了,大家的心情也都轻松起来了,病情也似乎轻了几分。

事实上,很多时候,面对生病的朋友,其实并不需要非得一本正经地去安慰,装作什么事情都没有发生似的,谈笑几句,效果更佳。

在一个冰天雪地、狂风大作的冬日里,有个人去探望他生病的朋友,路上滑倒多次才好不容易到了朋友那儿,冻得直发抖。

"到这儿来可怕极了。"他说道,"事实上,我每次向前迈一步,就滑回去两步。"

"那你究竟是怎么走到这里来的呢?"朋友追问道。

"我因为一直往回退,生气地骂了声'鬼天气',转身便往回走了。"

听到这,生病的朋友被逗笑了,忘记了病痛,糟糕的心情也得以缓解。

面对朋友失恋、失业,可想而知他们的心情有多么低落,此刻他们也正需要你乘着幽默之"船"去"苦海"搭救他们呢。

同室的小王失恋后,整天茶不思饭不想,在床上长吁短叹,大家都不知如何劝慰才好。

生性达观的阿杜对小王说:"快点儿停止叹息,下床吧!难道失恋的滋味那么好,值得你不吃不喝地躺在床上慢慢品味?"

对失业的朋友你不妨劝他往好的一方面想。

别为这事郁闷了,多好的机会呀,你不是向往每天睡到自然醒吗?这次你终于如愿以偿了。明天先睡个大懒觉吧,因为对你来说,找到一个更好的工作太容易了。

幽默的安慰总是能让朋友解除失意时的压力,把他们从个人的痛苦中拉出来,把坏心情赶走,使他们重新振作精神,脱离许多不愉快的窘境。

现代生活节奏快,人们的精神压力越来越大。其实,对生活中的那些小事我们不必太紧张,有时我们更需要轻松的心情和冷静的头脑,担心不如宽心,穷紧张还不如穷开心。对于那些"原本无事,庸人自扰"的朋友,你不妨也用此法来安慰他们。

刚刚七岁的小约翰十分调皮,洗澡时不小心吞下一小块肥皂,这下可惊动了全家人。

妈妈赶忙慌慌张张地打电话向家庭医生求助:"医生,你能不能马上赶过来,我的孩子刚才不小心吃了一块肥皂,我猜想他一定会中毒吧。"医生听到后答应立即前往，五分钟后就到。

尽管如此，惊慌失措的妈妈还是不放心，担心地问医生："在你来之前，我该做些什么？"医生说："如果你一定要做点什么的话，就给他喝一杯白开水吧，然后让他用力跳一跳。这样你就可以让小约翰用嘴巴吹泡泡消磨时间了。"

劝慰的含义除安慰之外，还有一层意思是劝导。有的时候，我们会遇到朋友对某件事情缺乏了解或者做错了事，需要我们给予劝导，来帮助他清醒，让他迷途知返，让他冷静下来。这样不但给了对方很好的帮助，也会因此增加彼此之间的友情。

很多时候，就像直接的批评让人难以接受、心存不服一样，直接露骨的劝导也未必能让对方接受。相反，给这些劝导披上幽默的外衣，就能让对方很好地接受。

有位贪吃的太太，每天各种食品不离口，最终导致消化不良。

她拖着肥胖的身体去求医，医生问明来由后点了点头。她问："开点什么药最好？"

医生除了开点助消化的药外，还对她说："我把塞万提斯的一剂名药也送给您吧。"

胖太太很高兴地说："太好了，是什么开胃药？"

医生说："饥饿是最好的开胃药。"胖太太会意地笑了。

医生用幽默的方式间接地劝导胖太太，避免了涉及与"胖"有关的话题，取得很好的劝导效果。要想劝导成功，除手中有理之外，还要求方法要正确、巧妙，如巧用幽默、丝丝入扣、娓娓道来，则更能深入人心。

　　无论是事业的低谷、爱情的不幸、病痛的折磨，抑或是年龄的困惑、生意的失利，等等，一切一切的不愉快，我们都可以劝慰朋友用轻松的心态来面对，那么乌云将会很快被阳光冲散，重新迎来灿烂的晴天。

喜欢对方，就幽默地开口吧

甜蜜而浪漫的爱情是每个人都向往的，但是想要得到对方的爱却并不是每个人都能够做到的。有人把爱情看作一次冒险，因为往往要经历很多的挑战和挫折，才能赢得对方的爱情，才能为自己和心爱的人经营一方幸福的空间。那么，如何才能巧妙而委婉地向心仪的人表达自己的感情呢？又如何才能让自己的爱情之路充满浪漫和温馨呢？答案之一是幽默的表白。这无疑需要智慧和能力的巧妙结合。

一个小伙和一个姑娘从小就在一起长大，可谓青梅竹马。等到情窦初开的年龄，小伙子一直想寻找机会对姑娘表达自己的爱慕之心。但是，他心里总是忐忑不安，不知道害羞的姑娘会做何反应。一天，他灵机一动，想出了一个表明自己心意的方式。

他约姑娘出来，故作深沉地对她说："我心里一直有个秘密，你愿不愿意知道呢？"姑娘好奇地说："我当然想知道了。"

小伙子说："我爱上了一个姑娘，她是我见过的最美丽的姑娘，我已经爱她很久很久了。"

姑娘一听，心里不免有些紧张，着急地追问道："是哪个姑娘？我认识吗？"

小伙说："你肯定认识啊。我一直把她的照片视为珍宝，你也来看看吧。"

说完，小伙就从口袋里拿出一个做工考究的小盒子，说："她的笑容已经深深地扎根在我的心里。"

姑娘赶紧拿过来，急忙打开，却发现里面根本不是照片，而是一面小镜子。姑娘正在纳闷儿呢，发现自己的脸就在镜子里，回过头来再看看小伙子，顿时明白了，害羞地笑了。

这个故事中的主人公就是马克思和她的夫人燕妮。马克思巧妙而幽默的示爱方式不仅向燕妮表明了自己的心迹，而且给心爱的人带来了出其不意的惊喜和幸福，为自己的爱情旅途增添了莫大的幸福感，开启了一生相依相偎的幸福旅程。

幽默的表白让你更轻易地叩动爱人的心窗。当然，世界上不存在固定的表白方式，适合自己的方式才是最好的。一些人豁达、直率，他们的表达方式就简洁明了；一些人内心谨慎，他们的表达方式就含蓄内敛；还有人对自己信心不足，因此不敢轻易向对方表白，担心遭到对方的拒绝。其实，如果在这种场合，能够用幽默的语言表明自己的心意，不仅能够为你的感情增添很多浪漫，也能够避免有可能遭遇到的尴尬，何乐而不为呢？

一位影星一直苦于难以表达自己对心上人的爱慕而感到郁闷。一天，他绞尽脑汁，终于想出了一个用巧妙和幽默来表达的方式。他约姑娘到公园里散步，周围不时有满头银发的老年夫妇相互搀扶着走过，他指着他们问姑娘："你愿不愿和我一起成为他们呢?"姑娘看着那些恩爱的老年夫妇,会意地笑了,羞涩地点了点头。

巧妙而幽默的示爱方式对于那些性格内向的人来说,无疑是一支感情的探测器,能够含蓄地向对方袒露自己的爱意,舒缓了自己紧张的情绪,同时也为自己的感情营造了浪漫而温馨的氛围。

这里所谓的幽默,并非一些低级趣味的笑话,也不是故作夸张的表演,而是运用一个人的智慧与情趣来恰如其分地表达自己的真情实感。当你用幽默的元素来经营自己的爱情生活时,你会发现两个人的感情世界充满了惊喜和浪漫,对方会被你的风趣和聪明才智深深地打动,最终被你俘获。而且幽默还能够化解万一遭到拒绝的尴尬,即使有可能出现令人难堪的境况,也会很轻易地被化解。因此,学会用幽默来调节恋人间的感情生活,也是一门耐人寻味的学问。

幽默的表白，一语俘获对方的心

男人最吸引女人的地方往往不是外表，而是拥有的智慧。拥有智慧的男人可以增加求爱的成功率，因为幽默是一个男人拥有智慧的表现。

在近年的调查研究中，越来越多的女孩子已经把有幽默感作为择偶的条件之一。求爱中，适当讲一些幽默的话语，或说一些幽默的小笑话，能消除两个人之间的紧张、拘束，使双方实现自然、愉快的相处。

电影《人到中年》有一段描写恋爱中的傅家杰和陆文婷的对话：

"你喜欢诗吗？"傅家杰问陆文婷。

"我？我不懂诗，也很少念诗。"

陆文婷略带嘲讽地说："我们眼科的工作主要是手术，一针一线都严格得很，不能有半点儿幻想的……"

"不，你的工作就是一首最美的诗。"傅家杰打断她的话，热切地说，"你使千千万万的人重见光明……"

开始时，傅家杰以诗为话题问陆文婷，没想到产生了揭短之嫌。陆文婷用嘲讽的口吻反击对方，眼看沟通要受阻；傅家杰立即抛开她不懂诗的问题，转而对她的工作进行赞美，促进了两人的情感，获得了陆文婷的爱。语言的幽默能够获得女性的青睐，让你用真心获取女性的芳心。

有一对青年男女在别人的介绍下互相认识了。只是在初次见面的时候，姑娘对小伙子有些不满，因为小伙子要比姑娘矮半头。于是姑娘就很不耐烦地对小伙子说："难道你看到我比你高那么多，就不会脸红吗？"

小伙子没有生气，反而不温不火地回答说："长颈鹿倒是很高，可是那又有什么用呢？何况结婚过日子重在两颗心之间没有落差啊。"

小伙子一句轻松的幽默话，就把姑娘逗乐了。姑娘对他的身高变得不再那么计较，因为她看到了小伙子背后的东西——智慧。恰恰因为小伙子智慧性的幽默让两个人的交往能够继续下去。

有智慧的男人总是会将自己的优点放大从而超过自己的缺点。作为恋爱期间的男人，应多懂一点女人的心理，有时巧用一句幽默话就可以摘到诱人的爱情之花。

爱有阴晴，幽默是和事佬

男女初次接触时，都是花前月下、卿卿我我，互相看到的都是对方的优点。然而爱也有清醒期，天长日久，恋爱双方的缺点就会暴露无遗，甚至出现争吵、冷战。这个时候，我们就应该学习运用幽默化解不愉快的情况。

小彤与大舟是大学同班同学。在一次大学生辩论会上，大舟敏锐的思维、犀利的语言、雄辩的话语俘获了小彤的芳心。大学毕业后，他们选择在同一座城市工作。

男方想：人们都说你是才貌双全的美女，你怎么不想一想呀，除你之外，我真想不出有第二个人愿意与我恋爱。

女方想：你是不是背着我爱上了别人？

正当小彤怀着迫不及待的心情准备与大舟共筑爱巢时，小彤的同学却告诉她，最近经常看到大舟与一个很摩登靓丽的女孩子在一起。为此，小彤指责大舟对爱情不忠贞，见异思迁。大舟解释说，那是他表妹，刚来到这个城市让自己帮她找一份工作。可小彤根本不信，还说大舟在欺骗她，并闹着要与他分手。深爱着小彤的大舟当然不愿失去心上人。

于是，大舟找到小彤说："人们都说你是才貌双全的美女，你怎么不想一想呀，除你之外，我真想不出有第二个人愿意与我恋爱。你瞧，我老气横秋，长相有损市容，写尽了人生的沧桑和苦难；再瞧我这条件，一穷二白。我现在最向往的是如何尽快脱贫致富，以报小姐的知遇之恩，哪敢花心哟。"

一席话说得小彤转怒为喜，忍俊不禁。

大舟的这番爱情表白，可谓妙语连珠，妙趣横生。究其原因，其用词的巧妙起着极大作用。两个人发生争执时，男士最好采用这种贬损自己的幽默方法来达到取悦女士的目的，这样她的怨气会立刻消散。

何况女人对于男人用这些形容词来巧妙道歉，永远都不会觉得烦。就像男人听到"谢谢你""很有道理""好主意""感谢你的耐心"这些句子，也永远不嫌烦一样。作为男人，在与自己心爱的女孩交往中，该道歉时就要及时道歉，开启尊口，智解危机，适当的时候也要学会采用幽默的方式来解围。

雅倩非常喜欢跳舞，男友小张却是个好静的人，正在参加自学考试，却常被她拉去看跳舞。雅倩有个很不好的习惯，不跳到舞厅关门不尽兴，久而久之，小张就受不了了。有一次，他们从舞厅出来已是夜里12点多了，小张说："你的慢四跳得很棒，我还没看够。你一路跳回宿舍怎么样？"雅倩撒娇说："你想累死我啊？"小张一副认真的样子说："不要紧，我用快三陪你跳。"雅倩扑哧一乐："亏你想得出，丢下我一个人也不怕我碰上流氓。"小张这时言归正传："那你在舞厅丢下我一个人跳，也不怕我打瞌睡被人掏了包？"雅倩这时才知道男友压根儿没有兴趣跳舞，以后就有所收敛了。

当我们对恋人的某些行为生气时，不妨像小张一样运用幽默的方法化解双方的矛盾。毕竟很少有人不喜欢接受真诚、诙谐、轻松的缓和矛盾的方式了。

人有悲欢离合，月有阴晴圆缺。在爱情的世界中，并不是一切都是那么和美、甜蜜，当两个人之间出现了小矛盾的时候，巧用幽默可以让你们和好如初，还能升华你们的爱情温度。

幽默双人舞,将爱情进行到底

在柴米油盐酱醋茶的平凡生活中,婚姻生活如果缺少了幽默,那是家庭中可怕的"冷暴力",让人觉察不到家庭的温暖。

在许多幸福的家庭中,幽默是感情伤害的止痛剂,因为夫妻双方懂得让幽默成为一种调剂对方心理的有效工具。

一天,当妻子帕蒂听到丈夫乔尔的痛苦时,她脱口而出:"上帝,应该有人颁给你一项奥斯卡金像奖——最好的受难主角奖。"

"那为什么不是你来颁给我?"乔尔问她。

帕蒂很喜欢这个主意,她跑到一家纪念品商店,买了一个奥斯卡金像奖的复制品。一次,当乔尔又闷闷不乐、唉声叹气的时候,她开心地对他一笑,鼓起掌来,并把自己制作的"奥斯卡金像奖"颁给了他。"太棒了,"帕蒂对乔尔说,"我尤其喜欢末尾的一声短叹。"

这样的对话让气氛一下子变得非常搞笑,两个人都忽然大笑起来。从此以后,乔尔再也没像从前那么难受过了。

俗话说得好,平平淡淡才是真,婚后的生活就像是一杯白开水,你放点盐它就咸,放点糖它就甜,放点幽默它就是温暖的。当看到你的另一半悲伤的时候,要适当地给他补充一下幽默的笑料，这将会是最好的心情安慰剂。

约翰下班回家，发现妻子正在收拾行李。"你在干什么？"他问。"我再也待不下去了"，妻子喊道，"一年到头，老是争吵不休，我要离开这个家！"约翰困惑地站在那儿，望着妻子提着皮箱走出家门。

忽然，他从架子上抓起一只皮箱，也冲向门外，对着正在远去的妻子喊道："等一等，亲爱的，我也待不下去了，我和你一起走！"怒气冲天的妻子听到丈夫这句既可笑又充满对自己爱心和歉意的话，顿时转怒为笑，很快气就消了。

当约翰的妻子抓起皮箱,冲出家门时,我们不难想象,约翰是多么难堪、焦急。但他既没有苦劝妻子留下,也没有做任何解释、开导,更没有抱怨和责怪,而是说:"等一等,亲爱的,我也待不下去了,我和你一起走!"

这哪像夫妻吵架,倒像一对恩爱夫妻携手出游。约翰这番话,以诙谐的方式熄灭了妻子的怒火,不但会让妻子感到好笑,而且还让妻子体会和理解丈夫是在含蓄地表达自己对她的爱意和歉意,以及两人不可分离的关系。听到这番话,妻子怎能不回心转意呢?

婚姻生活中的幽默,就好像是大雨洗礼后的青青荷叶,可心又让人心情舒畅。没有了幽默感的生活,就像是一朵美丽的鲜花失去了它原有的香气,虽然有花的形体在,却已经失去了花朵动人的灵气。

让婚姻保鲜的最好方法就是处处幽默

婚姻是两个人的事,无论双方对生活的看法如何不同,美好的婚姻还是需要夫妻双方用心经营的,幽默则自然而然地成为经营婚姻的得力资本。

夫妻双方在结合之前都各自保有自己的习性和特点,然而婚姻却要让截然不同的两个人生活在同一个屋檐下,夫妻俩需要各司其职,互相理解和支持,彼此给予温暖和成长。毕竟婚姻生活已经渐渐在日常琐事中回归柴米油盐。

懂得幽默的人在回到家以后,能够轻松自如、自由自在地与家人相处。

妻子:"在生活中,虽然说女人需要把男人当作依靠,但事实上男人更加离不开女人。"

丈夫:"为什么是男人更加需要女人呢?"

妻子:"道理很简单的嘛,如果没有女人,当男人衣服的扣子掉了,谁来缝补好呢?"

丈夫:"如果世界上真的没有了女人,还有哪个男人会去穿衣服呢?"

妻子一听,捶打着丈夫大笑不已。

夫妻之间不能因为熟悉就忽略了日常生活中的情趣与快乐。尽管现实会让夫妻俩为一些生活琐事而吵闹，甚至会让他们中的许多人对婚姻失去信心。但是，请不要苛求平静的幸福，在很多时候，幽默的言谈会使我们增强对婚姻和家庭的信心。

丈夫："亲爱的，你既然这样爱我，为什么我第一次向你求婚的时候，你没有马上答应呢？"

妻子："因为我要看拒绝后，你会有什么反应啊。"

丈夫："哦，可是如果当时我掉头就走了，那你怎么办？"

妻子："放心，你走不出去的，因为我早就把大门锁上了。"

经验表明，婚姻关系越亲密，包容性也越强。

有错改错，用幽默表达歉意

夫妻之间经常会出现有一方犯错的情况。俗话说，人非圣贤孰能无过，既然圣贤也会犯错，更不要说是常人了。犯错是正常的事，关键是犯了错误要如何去承认、如何表达自己的歉意。如果直接说"对不起"，不免让人觉得诚意不够，同时还会放不下面子，显得尴尬。这个时候不如试着用幽默的方式表达自己的歉意。

一次，妻子因为有急事，出门忘了把火炉封好。当她办完事回到家中，已经是晚上八九点钟了。她刚进门，就看到儿子趴在沙发上睡着了，她叫醒儿子之后，才知道儿子还没有吃饭，由于自己的失误，炉火早就熄灭了，即使要给儿子弄吃的也不可能了。

这时，比她早回家的丈夫从卧室走出来，对她发火道："你怎么搞的，火都给你看灭了。"妻子对他的这种怒气表示理解，说："你别发火了，这个时候，再大的火，恐怕也不能点燃炉子啊。"丈夫听妻子这么一说，火气也没有那么大了，但还是愤愤不平地说："你这个人啊，怎么能那么粗心呢？要是没有我，恐怕你只能到街头讨饭吃了。"妻子附和道："正是因为如此，我才不愿意离开你啊。"妻子说罢，两人大笑着和好如初了。

不得不说，故事中的妻子是个贤良聪慧的人，面对丈夫的责备，她并没有见缝插针地急于反驳，也没有强词夺理，而是用小幽默表达了自己的歉意，最后也得到了丈夫的谅解，矛盾最终在幽默中化解了。

在家庭生活中，如果犯了错误，要学会用幽默表达自己的歉意，这不仅可以调节家庭的气氛，还可给家人带来更多的欢声笑语，增进彼此的感情。幽默是家庭矛盾的净化剂，是家庭生活的润滑剂，是感情寒冷期的一件棉袄。

大道理听着累，小幽默更易懂

父母要让孩子敞开心扉和自己说话，首先要懂得尊重孩子。因此，父母必须掌握情感交流的秘方，多给予孩子思想上的引导，用幽默的方式走进孩子的内心世界，增强彼此之间的信任和感情。

作为孩子，遭遇了问题或烦恼，首先求助的是父母。如果做父母的不善于与孩子进行有效的交流，从一开始就可能破坏了与孩子之间的融洽关系。

一个五六岁的孩子因为父母吵架，独自撑着一把雨伞蹲在墙角，父母哄来哄去，孩子就是不理不睬。两天过去了，孩子还是不肯原谅父母。最后，父母请来著名的心理治疗大师狄克森先生。狄克森也拿了一把雨伞在孩子的旁边蹲了下来，他注视着孩子的双眼，向孩子投去关切的目光。终于，孩子像沉睡中被闪电惊醒的人那样，回过神来。狄克森继续与孩子对视。

孩子突然问："你是什么？"

狄克森反问："你是什么？"

孩子："蘑菇好，刮风下雨都听不到。"

狄克森说："是的，蘑菇好，蘑菇听不到爸爸、妈妈的吵闹声。"

这时，孩子流泪了。狄克森："做蘑菇好是好，但是蹲久了又饿又累，我要吃巧克力了。"他掏出块巧克力，送到孩子鼻子前让他闻了闻,然后放进自己嘴里大嚼起来。

孩子说:"我也要吃巧克力。"狄克森给了孩子一块巧克力,孩子吃了一半。

狄克森说:"吃了巧克力太渴,我要去喝水。"说着,他丢掉了雨伞,站了起来,孩子也跟着站了起来。

> 做蘑菇好,蘑菇听不到爸爸、妈妈的吵闹声。做蘑菇好是好,但是蹲久了又饿又累,我要吃巧克力。

> 我也要吃巧克力。

为什么会出现这种结果呢?原因就在于,孩子对于友情、亲情的渴望特别浓厚,他们很在意自己的感情需求。然而,成人的世故与冷漠,往往对孩子的这种情感需求很不在乎。这样,就会忽视孩子的感觉,对孩子细小的情感波动表现出冷酷的一面。这样一种对待孩子情感的反应方式显然不利于父母与孩子之间的情感交流。

事实上，孩子们最需要的，就是父母对他的重视，哪怕是当时的实际情况一点也不严重，父母也不能掉以轻心。或许在故事中的父母看来，孩子不应该因为他们的吵架而如此伤心，但是他们的反应却不应该没有同情。当父母看到自己的孩子有这样的表现，应该高兴孩子已经懂事了，应该多加疏导，让孩子不要担心，这种反应会使父母与孩子之间产生亲密的感觉。

幽默的父母与孩子之间的关系属于"双连关系"。家庭生活中，一旦"话不投机"，关系就会弄僵。而用幽默沟通的方法则是一种至情、至理、至智的高级手段，双方都能接受。尽可能多地用幽默的方式来代替僵化、直接、乏味的沟通，让爱充满孩子的心灵，呵护着他们健康成长。

缺乏幽默的家庭就像一张"白纸"

要营造两代人之间融洽和谐的关系,首先需要加强彼此之间情感的沟通和交流。有些父母想要在子女面前保持威严的形象,在生活中他们总是不苟言笑,更不用说向子女表达自己的爱了。事实上,父母应该常常利用轻松的方式来表达对子女的爱。

苏联诗人米哈伊尔·斯维特洛夫是一个善于用幽默的方法来教育孩子的高手。

有一次,斯维特洛夫刚进家门,就发现家人慌作一团,斯维特洛夫的母亲正在打电话给医院请求急救。原来,斯维特洛夫的小儿子舒拉别出心裁地喝了半瓶墨水。斯维特洛夫明白,墨水是不至于使人中毒的,所以用不着慌张,而这会儿正是教育舒拉的大好时机。于是,他轻松地问:"你真的喝了墨水?"舒拉得意地坐在那里,伸出沾了墨水的舌头,做了个鬼脸。斯维特洛夫并没有发火,而是从屋里拿出一些吸墨纸来,对儿子说:"现在没有别的办法了,你只有把这些吸墨纸嚼碎吞下去了。"

一场虚惊就这样被斯维特洛夫的一句幽默给冲淡了。舒拉原想以此成为家人关注的中心,但是未能如愿。此后,他再也没有犯过类似出风头的错误。

长辈对晚辈除了运用平和的幽默方式,还能够运用一种"打是亲、骂是爱"的幽默方式,这里的"打是亲、骂是爱"并不是真打也不是真骂,而是在笑骂中向孩子传达出自己的满足感。

美国企业家艾科卡在里海大学读书时,他在800多个毕业生中的排名是第11名。凭借优异的成绩,他在毕业后就被推荐攻读了硕士,在硕士毕业后又成功进入了福特公司。艾科卡的学业以及事业之路可谓一帆风顺。他的父亲尽管已经感到非常自豪了,但是每次见到他时,还总是会打趣地说:"瞧,当初念书总考不了第1名的小笨蛋,现在感觉如何啊?"

一句幽默的"小笨蛋",体现了父亲对他深深的爱。父母对子女运用幽默的方式很多,运用幽默体现的感情色彩也很丰富。但无论是出于赞美还是出于委婉的批评,幽默的本质还是为了表达对子女的爱。

第六章

化解尴尬,幽默就是『消防员』

尴尬时刻，让我们一起"荒谬"到底

无论在什么时候，给别人保留一点面子，也是为自己留一点余地。对有些人来说，互相给面子是一种心照不宣，做事不讲脸面就没有进行下去的必要。于是面子问题一直是业务洽谈、与人交往中的重要课题。

当你不小心触及他人的颜面问题，或者自己的面子遭受到外来嘲笑的时候，应该怎样应对呢？答案是，不要硬对硬，要懂得巧妙地运用幽默语言，挽回自己的颜面。

丹麦童话作家安徒生有一次在大街上走的时候，突然遭遇了他人的嘲笑，但是安徒生的幽默应答却让奚落他的人自惭形秽。

由于安徒生平时生活很简朴，常常戴着破旧的帽子上街。

突然有个行路人嘲笑他："你脑袋上边的那个玩意儿是什么？能算是帽子吗？"

安徒生幽默回敬道："你帽子下边的那个玩意儿是什么？能算是脑袋吗？"

安徒生巧妙地以其人之道还治其人之身，将同样的讽刺还击给了那个不礼貌的路人，讽刺性很强，同时也间接地回应了对方。

幽默灵感的爆发，幽默的妙答常常使你在濒临困境时柳暗花明，感受绝处逢生的喜悦。生活中如果自己突然遇到了尴尬且有失体面的小事，不妨幽默自己一下。

宋朝文学家石曼卿，人称"石学士"。一日酒后骑马去报国寺游玩，突然马受惊乱跑，将石曼卿从马上摔了下来。石曼卿站起来，拍拍身上的尘土，拿起马鞭，然后风趣地对围观者说："幸亏我是'石'学士，要是'瓦'学士，一定要摔坏了。"

石学士把自己的姓，做了另外一种解释，这种妙语解"困"，为后人称道。

语言的运用是一门综合艺术，照本宣科式的教条运用不会有好的交际效果。幽默机智的背后是深厚的文化素养，是高雅的气质和风度。

以幽默为武器，变意外为常态

生活中，时时处处都可能遇到意外，这些意外或许会让你惊喜，又或许会让你觉得尴尬与无奈。但凡懂得说话幽默的人，都拥有着一种脱俗超群的品行与情商，对于突如其来的事情能够淡定自若、坦然处理。

一些广受人们爱戴的大家，他们往往意志坚强、聪明灵活、自信敢为……除此之外，他们还有俘获人心的天然利器——幽默。

幽默是许多成功人士的必备要素之一，幽默能帮助他们从无名小卒成长为叱咤风云的大人物，给他们的人格披上了生机无限的魅力。

幽默是一种逆向与放射式的思维方法。具有幽默感的人往往具备较高的情商，幽默感强的人往往也更容易成功。原因很简单，幽默感强的人往往具有灵活的思维与独特的思考方式，通常能够对人和事物具有与众不同的见地，进而能够在与他人的相处中尽情地构建良好的人际关系，尽情展现自己洒脱的一面。他们因为幽默而受到更多人的喜欢与青睐，也因此能够利用幽默的说话技巧办好难办的事情。

以"铁血宰相"称号载入史册的 19 世纪中叶普鲁士宰相奥托·冯·俾斯麦，是一位性格幽默的人。他非常善用幽默的盾牌，并多次解决一些棘手问题。

有一次,俾斯麦和一位朋友一起打猎,他的朋友不小心陷入流沙中不能自救。听到求救的声音,俾斯麦赶紧跑过来,可是他不仅不救他,反而还说:"虽然我很想救你,可是那样我也会被拖入流沙中。所以,我不能救你,但我又不忍心看你这样挣扎。最好的办法是让你死得痛快些。"俾斯麦说完便举起猎枪。他的朋友因为不想遭到枪杀,便拼命挣扎,结果终于爬出了流沙。其实,这正是俾斯麦的希望所在。

俾斯麦做军官时,寄宿在一个以吝啬出名而且非常厌恶普鲁士人的家中。有一天,他要求房主在他房间里装设一个电铃,以便在传唤部下时不用大声喊叫。可是,主人毫不客气地一口回绝了,于是俾斯麦不再说话。当天黄昏,从俾斯麦的房间里突然传出几声枪响。主人吓了一跳,以为发生了什么事,他当即跑进俾斯麦的房间,当他看到俾斯麦表情沉着地坐在书桌前工作时,比先前更为惊讶了。他指着放在书桌上,枪口还冒着烟的手枪问:"到底怎么回事?"俾斯麦坦然回答:"没什么,我只是在和部下联络罢了!"翌日早晨,他的房间便装上了电铃。

俾斯麦的幽默体现了临危不惧的大智大勇,面对生活中小麻烦的机警灵活,幽默让他解救了流沙中的朋友,也让他说服了吝啬的房主,办好了很难办到的事情。幽默不只是听一听笑话,放声一笑而已。幽默的伟大在于能够以最快捷、最有效的方式化解我们在生活中遇到的各种意外情况。

幽默不仅能帮己，更是替他人解围的利器

两难问题就是不论你回答"是"或"否"都可能给你带来麻烦。回答这类问题需用心，也最需要幽默而机智的口才。

为了更加形象地说明回答两难问题的方式以及作用，接下来主要用案例来说明，让大家能够在案例中体会到如何做才能让两难问题在幽默对策中迎刃而解。

1. 回避难题可找出他人的漏洞

在清朝末年的一次科举考试中，有一位考生的试卷做得非常糟糕，当考官阅卷到最后的时候，居然发现这样一句话："我乃李鸿章大人之亲妻。"这位考生在故意拉关系的时候，却误将"亲戚"写成了"亲妻"，实在可笑。

阅卷老师正好从考生露出的马脚出发，批语道："断不敢娶！"

上文中的"断不敢娶"有两种意思，表面上是说，既然你是李鸿章大人的"亲妻"，我当然不敢娶了，实质上是在说明对于这样的考生是不会同意录取的，阅卷老师将错就错，轻松解决了一个两难问题。如果这位考生真的是李鸿章大人的亲戚，也不能怪罪到阅卷考官的头上，是考生写错字在先；如果这位考生是在无理取闹，那不予录取是理所当然的。

当我们面对两难问题时，在既不能肯定也不能否定的情况下，

那就拿他人的漏洞开刀,表明自己的无能为力,这是一种幽默的机智与变通,是一种保全自己的良方。

2. 正式场合遭遇两难,朦胧幽默为自己解围

顾维均担任美国公使的时候,有一天,参加各国使团的国际舞会。和他共舞的美国小姐忽然问:"请问,您喜欢中国小姐,还是美国小姐?"

这个问题很难回答,如果说喜欢中国小姐,就得罪了共舞的美国小姐;如果说喜欢美国小姐,那又是违心之论,并且有贬低中国小姐的嫌疑。顾维均幽默地笑着说:"不管是中国小姐还是美国小姐,只要是喜欢我的人,我都喜欢。"

针对美国小姐提出的两难问题,无论选择哪一个答案都会让顾维均遭受他人的质疑。如果顾维均选择说自己喜欢中国小姐,那么就会让美国小姐气愤;如果他说自己喜欢美国小姐,又会造成对中国小姐的不尊重。令人欣慰的是,顾维均没有直接做出选择,而是运用朦胧语言"只要是喜欢我的人,我都喜欢",不仅给那位美国小姐留了情面,也为自己保全了风度。

以幽默回应别人的故意刁难

民国时期,一个雪天的早晨,一位长工披着一张羊皮在财主院里扫雪。财主起床后看见了便想趁机挖苦长工,于是大声说:"喂,穷小子,你身上怎么长出了一张兽皮?"

长工笑颜以对:"老爷,你的身上怎么也长出了一身人皮?"

针尖对麦芒,长工将"兽皮"换成"人皮",就把财主放出的恶语"射"向了财主自己。这位长工是机敏的,面对讽刺,他能够巧妙地回击,他虽然是一个长工,但是却不允许他人来蔑视自己的尊严。尊严,是他看重的处世之道,面对财主的挖苦,长工用笑语反击，虽说寓意犀利，方法却温和，想必财主也会知趣地保持沉默。

幽默是在关键时刻能够为你挺身而出的哥们义气，但是要他出来帮你解围的关键前提，是你会及时施与义气。如果一个人连幽默是怎么回事都不清楚，又怎么会在危机时刻用幽默为自己助阵呢？

想拥有幽默口才就必须修炼，首先需要对幽默给予适度的重视以及必要的练习，将幽默的处世练习变成一种习惯，那么你就将在生活中真正实现无懈可击。

具有幽默本领的人往往具备敏捷的思维能力，可以将他人的讥讽变化成挡箭牌，在钝化了他人的讥讽的同时，又能给予对方强有力的回击。难怪人们总把激烈的语言交锋称为唇枪舌剑呢，有时候两片嘴唇、一条舌头，比真枪实弹的威力还要大。

人生在世，就应该慢慢体悟到圆融的处世之道。面对他人的不敬，应该用智慧、用口才去反驳，这样才能够显出自己的境界与能力。幽默的口才魅力恰恰在于能将棱角分明的话语表达得诙谐幽默，却又不失锋利的语言威力。从下面的案例中可以身临其境地感受到幽默的魅力与威力。

苏联诗人马雅可夫斯基曾与反对者进行论辩。

反对者问："马雅可夫斯基，你和混蛋差多少？"

马雅可夫斯基怒而不露，不慌不忙地走到反对者跟前说："我和混蛋只有一步之差。"

在场的人听了都哈哈大笑起来,那位攻击马雅可夫斯基的人只好灰溜溜地跑了。

另外,还有这样一个故事。

俄罗斯有一位著名的马戏丑角演员杜罗夫。在一次演出的幕间休息时,一个很傲慢的观众走到他的身边,讥讽地问道:"丑角先生,观众对你非常欢迎吧?"

"还好。"

"要想在马戏团中受到欢迎,丑角是不是就必须要有一张愚蠢而又滑稽的脸蛋呢?"

"确实如此,"杜罗夫回答说,"如果我能生一张像先生您那样的脸蛋的话,我准能拿到双薪。"

在这里杜罗夫巧妙地把这位傲慢观众的脸蛋,同自己能否拿双薪牵扯在一起,从而产生了幽默的回击效果,对这位傲慢的观众进行了反讽。

案例中的几位主人公无不在为人处世之道中,体现出幽默的智慧,利用幽默"冲锋枪"将他人的攻击消灭于无形。如果说他人的言语攻击是箭,那么幽默的口才就是在任何时候都将利箭阻挡在外的盾牌。

幽默地拒绝，合理说"不"莫伤人

毕达哥拉斯曾说过：在说那两个最短、最老的字——"好"或"不"时——需要最慎重的考虑。一位名人也曾说过，"不"是这个世界上最难说出的字眼。我们可能都有这样的感觉，面对亲戚、朋友、同事、领导的要求，明明心里很不情愿，很想说拒绝，可话到了嘴边就是说不出，这多半是因为怕拒绝伤害别人的感情，所以只好本能地委屈自己同意了别人的请求，等到事后又后悔自己的所作所为。

其实，并不是所有的拒绝都会影响人际关系，只要你拒绝得巧妙，就一定能取得对方的理解，绝不会影响你的人际关系，还会给人留下机智的印象。以下几则名人幽默拒绝的故事就非常经典，值得我们仔细品味和借鉴。

英国天文学家布拉法莱，被任命为英国格林尼治天文台台长时，英国女王看他薪水低，准备给他加薪。布拉法莱得知后，向女王恳求说："非常感谢您的好意，可是，我担心，如果天文台台长的薪水一旦加高，以后来这里的人将不再是天文学家了。"

幽默的应对既说明了拒绝的理由，又明示出某种道理，让女王有台阶可下，这样的拒绝可谓高明。

可以说，幽默是拒绝别人时必不可少的手段，它会让"不"说起来不那么困难，听起来更顺耳，想起来更有余味，也会使气氛不那么尴尬。同时，我们每个人都应该在该拒绝的时候会说"不"。不会说"不"，你就不是一个完整的人。你会变成别人思想的奴隶，你会成为别人的需要和欲望下的牺牲品。那么，幽默说"不"有哪些规则可循呢？

这里列举一些生活中各种场合不会让人难堪的拒绝词，希望害怕说"不"的你能举一反三，移为己用。

朋友求你办一件违反原则的事，你有这个权力，却不能也不便这么做，这时你不妨说："我的前任领导（同事）帮他的朋友办成了同样的事，结果是他的朋友过上了天堂般的生活，而他却被撤职，至今还生活在悔恨之中。我知道你也想过天堂般的生活，可是作为朋友，你总不想把我推进地狱吧？"

朋友向你借钱或借贵重物品，这几乎是人人都遇到过的麻烦事，本来就不宽裕的你可以这样说："你还是去向我的老板借吧，现如今我早已身不由己了。知道吗？我已经是全小区最著名的'穷人'了。"

你也可以更夸张地说："上个月我的钱被朋友借去整容了，现在我想找他还钱可是已经不认得他了，实在没有钱借给你了。"

一个和你并不熟悉的人毫无眼色地向你借车，你可以说："随时可以来开，不过先和你打个招呼，我的车比较认生，别人一开就容易熄火,上次我老婆早上开车去超市买东西,我在家里等到傍晚她都还没回,打电话一问,原来每走五米这辆车就熄火一次,气得她只好找人在车后推着走呢。"

购物时,面对口若悬河、喋喋不休的推销员许多人都没有太好的对策,虽然明知他们常夸大其词,但又不好直接指出,这时你不妨从她言辞的反面入手,让对方哑口无言。

一位太太在一家帽店试帽子,试了好几个都不合意。最后,女营业员拿了一顶镶有钻石的红色呢子帽子给她,口是心非地说:"这是一顶很吸引人的帽子,红色充满了活力,上面闪闪的钻石又不失您的高贵。太太,真的,您戴上它会年轻10岁呢!"

这位太太早已经发现营业员的不诚实,便想了一个拒绝的理由:"哦,天呢,我绝不能买这顶帽子,想想看如果我摘下了这顶帽子,我又要老10岁了,这简直太可怕了。"

面对朋友们善意的约请,直接拒绝可能会让朋友扫兴,你不妨从自己身上找一些特殊的原因,比如朋友约你去喝酒,你可以说:"现在万万不敢喝了,上次喝多了,不小心走到了别人家,差点把别人的女朋友当成自己的老婆。为此,我老婆现在还不和我说话呢。"

朋友约胖子去滑冰,对此并不感兴趣的胖子幽默地说:"这个建议听起来不错,但我只担心一件事,万一我摔倒,砸到了别人,谁来负担这笔医药费呢?"

不难看出,好的婉言谢绝往往能带来笑声,从而缓解被拒绝人失望的情绪。用幽默的方式拒绝别人,是人际交往中非常重要的一课。正如一位人际学家所说,会拒绝的人才是忠于自己的人。要记住,你有权力说"不",否则你就会成为别人需要和欲望下的奴隶;你还要学会说"不"的技巧,既能达到拒绝的目的,又让对方愉快地接受。

给人台阶，幽默救场最高明

幽默是与他人建立友好关系的杠杆，幽默是消除紧张气氛的轻松剂。这是因为，幽默这种情绪转换器的功效不仅仅在于改变说话者本身的情绪，使自己远离消极情绪，同时，它还能够消除交际对象的不良情绪，让双方有一个友好的沟通氛围。特别是在别人无心犯了错误时，你的一句幽默之语还能平息对方内心的愧疚，缓解尴尬的气氛。

一位车技不高的小伙子，骑车时见前边有个过马路的人，连声喊道："别动！别动！"那人站住了，但还是被小伙子撞倒了。

小伙子扶起那不幸的人，连连道歉。那人幽默地说："原来你刚才叫我别动是为了瞄准呀！"

由于有了幽默、宽容、洒脱的态度，一场口角得以避免，取而代之的是一笑泯恩仇。

一个人来朋友家串门，不小心将朋友家的鸡轧死了。他赶紧下车，满脸愧疚地问朋友："这鸡是你家的吧？"

朋友回答："别难过，虽然一切都很像，但我家的鸡没这么扁。"

宾主皆欢，客人不再窘迫，心里对朋友也充满了感激之情，同时也更加佩服朋友的机智与胸怀。

原谅别人无心的伤害，使对方摆脱窘境的确是一种让人敬佩的美德。生活中还有一种情况，就是别人不小心陷入窘境，此事虽然与你并无关系，但是如果能适时地为人解围，也同样会受到别人的爱戴。

不难看出，幽默的人容易与人保持和睦的关系，总是很轻松地就能解决那些令有些人碰得头破血流却仍难以解决的问题。正如美国作家特鲁所讲："幽默帮助你解决人际关系问题，让人与人之间充满欢笑。当你希望达到娱人乐己的目的时，千万别忽视这种神秘的力量。"

杰瑞的公司准备举办一场宴会，活动即将开始时，负责备货的助理焦急地对其他同事说："苹果不知道什么时候少了一袋，剩下的可能不太够用，这里离市区那么远，怎么办？"

在大家都在责怪助理粗心时，杰瑞轻轻地拍拍他的肩膀说："我来帮你想办法。告诉我，有没有哪一种东西是咱们准备得比较多的。"助理说："小点心。"

宴会开始了，大家都看到苹果盘前放了一个小牌子，上面写着："上帝正在看着你，请别拿太多了！"大家对这个小牌子上的内容感到有些奇怪，走到后面又看到放小点心的盘子前也立了一个牌子，上面写着："不要客气，要多少拿多少，上帝正忙着注意前面的苹果呢！"来宾们看到这里时都哈哈笑弯了腰，结果这场宴会宾主都尽兴无比。

杰瑞幽默的创意让那位粗心的助理巧妙地渡过了难关，两块小小的牌子也创意十足，反而成了宴会中的一景，这一招解围可谓高明。

总之，幽默的形式主要在于改变我们的情绪，改善周围的气氛，幽默总是给生活注入潇洒的兴奋剂。当别人陷入尴尬的窘境时，我们不妨向他伸出援助之手，发挥一下自己的聪明才智，幽默一下，为他人找个台阶，相信这样的举动会让你变成一个受欢迎的人，对你的人生必定大有裨益。

遭遇冷场别慌张，幽默逗人笑颜开

如果你遭遇了下面的状况：在冷场时，不知道该怎么活跃气氛；在一些突发事件中，不知道说什么合适的话来救场；和朋友聊着聊着突然没有话题了；发表某些意见或建议，无法取得共鸣或者人们的关注；结识新朋友时不知道该说些什么……在许多场合中，由于有些人的性格腼腆，或者彼此之间不够了解，无法拥有共同的话题，使交往中出现了冷场的情形。

这个时候，幽默就是打开场面的最佳选择。幽默会让冷场这块"冰"渐渐融化，让久违的快乐走进人们的心中。

众所周知，交流中最尴尬的局面莫过于双方无话可说。无话可说有时候是因为一方对另一方说的话不感兴趣，有时候是因为我们说的意思和对方的理解有偏差，有时候是因为我们缺乏在某些特殊情景下的沟通技巧，有时也会因为你说的话触及了别人的禁忌而造成别人的不愉快，导致交谈无法继续下去。无论是哪一种情况，都有可能会让你产生焦虑。良好而幽默的沟通需要双方在适当的时候分别扮演发送信息者和接收信息者的角色，就像跳探戈时需要两个人完美的配合。

交流中一旦出现冷场的局面，也需要两个人共同配合才能打破僵局。交流是两个人的事情，所以你不能指望等着对方为交流负起全部责任。因此,当出现冷场或者尴尬的时候,要沉着更要幽默,寻找双方感兴趣的共同话题,不能一味地等着对方来解决这种尴尬的场面。

一次,雁翎与男朋友肖遥约会时,肖遥问她:"你对爱情中的'普遍撒网,重点逮鱼',怎么看?"没想到他话一出口,雁翎不但没搭理他,脸色霎时变得很难看。肖遥知道他误入谈话的雷区,赶紧补充道:"啊,请别介意,我是说,我有一个故事要讲给你听。说有一个对老婆不忠的男人,经常趁老婆不在家把情妇带回家,但又时常担心老婆会发觉。所以,有一天晚上,他突然从梦中惊醒,慌忙推着身边的老婆说:'快起来走吧,我老婆回来了。'等他的老婆也从梦中清醒,他一下子傻了眼。"还没等肖遥话音落下,雁翎已被他的幽默故事逗得喜笑颜开。

在这里肖遥运用故事的形式首先转移了他们谈话的方向,然后用幽默的感染力,淡化了他因说话不慎而给雁翎带来的不快情绪,从而自然巧妙地使可能出现的冷场得到缓解,赢得了心上人的开心一笑。

幽默是冷场的克星,是热情的释放,懂得在尴尬中用幽默救场的人是智慧的。拥有幽默天分的人永远不会让他人与自己承受冷场的无奈与尴尬,幽默使冷场被巧妙打破,让彼此在喜笑颜开中突破尴尬,加深感情。

冷场时的幽默应对方法主要有如下几种:

第一，及时拿自己"开涮"，以幽默的方式摆脱冷场。必要时可以先拿自己开玩笑，也就是自嘲一下。也可以发挥想象力，把两个不同事物或想法连贯起来，以产生意想不到的效果。

第二，自信自然。化解冷场局面时，表现得要自然，要不着痕迹地轻松地转移话题，使人家不会感觉你是刻意的，否则会加剧冷场和尴尬。

第三，平时多读书，多储存一些不同的知识。有了丰富的知识，就有了谈资，再加上幽默、风趣的语言，很容易使局面融洽起来。

第四，可以讲冷笑话，缓和一下气氛，再慢慢回到刚才的主题。但是不宜讲太多的冷笑话，否则场面将有可能更冷。

第五，如果交谈时被干扰而不便继续交谈，可以耐心等待，不必打破这种正常的沉默。

第六，当双方因为不是很了解而造成冷场时，要学会察言观色，以话试探，寻找共同点，抓住共同话题。

幽默道歉，谅解自来

对所有人来说，道歉都不是一件很轻松的事情，道歉会让大家感觉到难为情。但做错了事情，就要请求他人的原谅。道歉也是一门很有学问的艺术。学会幽默，道歉也会变得更加容易，而没有我们想象中的那么难以启齿。试着幽默地表达自己的歉意，这不仅不会让我们觉得没有面子，还可以很好地化解难题。

夫妻之间发生争吵的事情犹如家常便饭，这不，老孙又跟妻子吵架了，他们相互赌气，一连好几天都互不理睬。老孙就想，自己作为男子汉大丈夫，和老婆计较显得不够大度，于是，他想了一个办法，和妻子轻松地和好如初了。

这天晚上，在睡觉之前，老孙在床头柜上放了一张字条，上面写着："孩子他妈，明天，请在早上6点钟叫醒我，我有急事需要处理。孩子他爸。"

第二天早上，老孙一觉醒来，发现已经7点了，当时他就想："妻子没有叫醒我，难道她还没有原谅我？"正要生气，却看到床头柜上有张字条，上面写着："孩子他爸，快醒醒，快醒醒，已经6点整了。孩子他妈。"

看到这个字条，老孙再也气不起来了，不禁笑出声来。拿着这张字条跑到妻子面前，没想到妻子也笑了。

直白的道歉可以产生立竿见影的效果，幽默含蓄的道歉方式同样可以赢得爱人的欣赏和认同，老孙和妻子之间这种无声的道歉方式实在是非常高明。以幽默的情景喜剧来代替干瘪乏味的语言，解决日常生活中的分歧，从而获得一个快乐的结局。

马先生在外忙着做生意，所以经常会忘记太太的生日。马太太为此跟他有过好几次不愉快的经历，所以马先生便向马太太保证，以后一定记得她的生日，会给她专门庆祝。但是，不巧的是，马太太今年的生日，他又忘记了。生日过后三天他才想起来。虽然如此，他还是给老婆买了一个精美的礼物，然后送到马太太的面前，说："亲爱的老婆大人，你的样子真是太年轻了，我都没能反应过来你又长了一岁。这也难怪我记不得你的生日。"本来马太太还一直对这件事情耿耿于怀，但是看到老公为自己精心挑选了礼物，并且还说了一句这么可心的话，就没有了脾气，也忘记了丈夫犯的过失。

马先生在弥补自己过失、给太太道歉的同时，幽默地声称是因为自己没有察觉到老婆已经老了一岁，因为自己的老婆看起来依旧那么年轻，所以会忘记她生日的到来。马先生如此巧妙幽默地借机称赞马太太年轻貌美，这样的道歉，即使是再生气的太太也会无力拒绝。

如果你正为自己做错了事而苦心烦恼，想着要如何向对方道歉的话，那就尝试着施展一下自己的幽默魅力吧。因为幽默是一种人生的态度,是一道快乐的出口,是一杯生活的美酒。

　　如此来看,对掌握幽默本领的人来说,道歉并不是一件难事。懂得用幽默道歉,可以让自己的精神世界变得丰富多彩,进而让周围的人也感到快乐,没有人会忍心拒绝诚挚且让人开心的致歉方式。所谓世上无难事,只怕幽默人。

兵来将挡，以机智幽默应对奚落

当别人挖苦你、讥讽你的时候，你可以用幽默语言作为护身符，筑起防卫的堤防。"兵来将挡，水来土掩"，你可视不同的情况选择不同的幽默应对办法。

如果判明来者不善，怀有恶意，故意挑衅，你可以"以眼还眼，以牙还牙"，有理、有利和幽默地回敬对手。

20世纪30年代，有一次丘吉尔访问美国时，一位反对他的美国女议员咬牙切齿地对他说："如果我是您的妻子，我会在您的咖啡里下毒药的。"丘吉尔微微一笑，平静地答道："如果我是您的丈夫，我会喝下那杯咖啡的。"

面对美国女议员刁难、愤恨的无礼言辞，丘吉尔并没有怒不可遏，甚至是笑着回答女议员的问题，他的胸襟雅量无不令人们为之佩服。

因此，如果对方来势汹汹、盛气凌人，前来指责辱骂你，而你确信真理在手，则应保持藐视的目光、幽默的心量、冷峻的笑容，让对方尽情地发泄个够，而不予理会。假如有人冲着你横眉竖眼，恶语中伤地骂道："你这个人两面三刀，专门告我的黑状，想踩着别人的肩膀往上爬，没门！"如果你心中无愧，完全不必大发雷霆,倒不妨幽默地反诘:"哦,是真的吗?我倒要洗耳恭听。"然后引导谩骂者说下去,直到对方找不到言辞了,你再"鸣金收兵"。在这种情况下,你以温文尔雅、彬彬有礼的方式笑迎攻击者,显然比暴跳如雷、大动肝火要好。

比如有人以半真半假的口吻问:"你得了一大笔奖金,发财了吧?"如你避实就虚地回答:"你也想要吗?咱们一块谈订单。"语中带点阳刚锐气,别人再问,也不大好意思了。

比如你刚被提拔到某领导岗位,有人对此揶揄道:"这下子你可平步青云、扶摇直上了吧!"你听了不必拘谨,可一笑了之:"是这样吗?你算得准吗?"用这种不卑不亢的应对方法,立即便能使对方语塞。相反,如果你过于计较,说出一大堆道理,倒显得太认真,反而适得其反了。

如果有人用过于唐突的言辞使你受到伤害,或让你难堪,你应该含蓄以对,或装聋作哑、拐弯抹角、闪烁其词,或转移视线、答非所问,谈一些完全与其问话风马牛不相及的事,用这种委婉曲折的幽默方法反驳对手,一定会取得奇特的功效。

当遇到棘手犯难的问题,若能以幽默诙谐的方式回答,往往能化难为易,改变窘态。正所谓"山重水复疑无路,柳暗花明又一村",使难堪的局面消失在谈笑之中。

其中,应对奚落的即兴幽默说话技巧主要有以下几种:

1. 弄清对方的意图,对症下药

有的人嘲笑别人,就是希望从被嘲笑的对象表现得很窘迫、狼狈、恼怒等反应中获得快感。明白了这一点，我们对嘲笑或挖苦的反应就应该是置之不理，或者顺势就势，用对方的意图作为话题，让大家开心一笑，让对方搬起石头砸自己的脚。

2.让朋友的嘲进行下去产

有时候，你完全不理会别人的嘲笑并不是最佳选择，如果嘲笑者是你的熟人或同事，你若总是不理别人，会给人太死板的印象。在这种情况下，一个很好的选择是：他们嘲笑你什么，你就主动承认什么，甚至还要更明显一些。这样的话，那些嘲笑你的人，其兴致一下子就没了。你越是害怕被嘲笑，越能激起他们进一步嘲笑你的欲望。

第七章

举重若轻，幽默让你轻松变身沟通达人

创造独特，让幽默推动销售

销售已经成为发展企业、促进经济的最重要的工作之一，然而谈到销售就不得不提及说服力。能够将自己的产品成功地销售出去，离不开推销的高超技巧和水平，确切地说是独特的说服力。当把幽默元素加入说服中时，谈成业务已经不再是难事。

在日趋激烈的销售战场上，一个销售员如果没有巧舌如簧的幽默口才，是很难拨动客户购买的心弦，从而在激烈的商战中难以立足。交易的成功往往也取决于幽默的口才。

销售大师原一平说过："我之所以被人称为推销之神，可以归功于我的谈话技巧。我觉得谈话技巧非常重要。"他认为在约见客户的过程中，设法打开沉闷的局面，创造一个融洽和谐的气氛是十分重要的。只有在这样的气氛下生意才可能成交。而要达到这一点要求，推销员必须注意谈话的技巧，发挥自己幽默、亲切的特点。

下面是原一平曾以"切腹"引得客户开心，从而拉近两人关系的故事。

有一天，原一平拜访一位客户。

"你好，我是××保险公司的原一平。"

对方端详着名片，过了一会儿，才慢条斯理地抬头说："几天前曾来过某保险公司的业务员,他还没讲完,我就打发他走了。我是不会投保的,为了不浪费你的时间,我看你还是找其他人吧。"

"真谢谢你的关心,你听完后,如果不满意的话,我会当场切腹。无论如何,请你抽出点时间给我吧!"原一平一脸正气地说,对方听了忍不住哈哈大笑起来,说:"你真的要切腹吗?"

"不错,就这样一刀刺下去……"原一平边回答,边用手比画着。

"你等着瞧,我非要你切腹不可。"

"来啊,我也害怕切腹,看来我非要用心介绍不可了。"

讲到这里,原一平故意让表情突然由一本正经变为鬼脸,于是,准客户也忍不住和他一起大笑起来。

无论如何，总要想办法逗准客户笑，这样也会提升自己的工作热情。当两个人同时开怀大笑时，陌生感消失了，成交的机会就会来临。

"你好，我是××保险公司的原一平。"

"哦，××保险公司，你们公司的业务员昨天才来过，我最讨厌谈论保险，所以他昨天被我拒绝了。"

"是吗？不过，我总比昨天那位同事英俊潇洒吧？"

"什么，昨天那个业务员可比你好看多了。"

"哈哈……"

善于创造拜访的轻松气氛，是优秀的推销员的必备技能。只有在一个平和欢愉的气氛中，准客户才会好好地听你介绍产品。而这种气氛完全靠推销员高超的谈话技术来营造。

不过，在现实中有不少人认识上存在一个误区，在他们看来，幽默的语言表达能力就是讲话如长江之水，滔滔不绝，事实上并非如此。判断一名销售人员是否具有良好的语言表达能力，要从他所谈论的话语是否具有说服力上来分析。销售的主要目的是说服，说服力的强弱是衡量销售员销售能力强弱的标准之一。有的销售员滔滔不绝，不但不能说服客户，还有可能引起客户的反感。而有的销售员看似木讷、呆板甚至说话结巴，却能一语中的，让客户买得开心。因此，真正的说服需要幽默技巧，并结合表达艺术来完成。

作为一名销售人员,想要客户心甘情愿地从腰包里掏钱购买你的产品,必须掌握说服的技巧和艺术。用出色的幽默口才将自己产品的独特卖点以及其他足以让客户欣赏的优越性展现给客户,让客户对你和你所销售的产品心服口服,这就需要销售人员不仅对自己产品的优越性、客户的心态等了如指掌,更要有喜剧演员一般的幽默好口才。

为了拥有喜剧演员般的幽默好口才,很多优秀的销售人员都会从以下几点努力。

1. 广闻博识

他们认为只有懂得多了,才有谈资,才不至于词穷。一个优秀的销售人员不但要对自己的产品了如指掌,还要在向客户介绍产品时说清产品独特的性能,并了解除此之外的各方面知识,这样才能在推销陷入僵局时可以通过转移话题缓解尴尬。

2. 自觉训练

只做到广闻博识还达不到拥有幽默好口才的目的,有些学富五车的人虽然懂得不少,却是茶壶里煮饺子——肚里有货倒不出。一个杰出的销售人员还要经常有意识地多说话,说好听的话,说让人开心的话,说让人心悦诚服的话。经常自觉训练,才能在面对客户时,有好的临场发挥。

自觉训练时,可以每天看一些漫画书,听一些相声、小品,挖掘其中幽默的表达力与表现力。

3. 以理服人

虽然知识渊博又谈吐不俗，也要做到以理服人，而不是强词夺理。否则，人家虽然说不过你，也只会口服心不服，达不到营销的目的。要做到以理服人，首先你自己要明理，要在说服别人前做好充分的准备，搜集与此话题有关的各种幽默材料。

4. 以情感人

与客户说话时，在自己的动作表情中要竭力避免焦躁、着急的不良心态，要显得谦逊、积极、乐观，宜用幽默协商的语气，让客户感到你不仅仅是向他卖产品，更是为了让他的生活更丰富、更幸福。你可以向客户问一些有关他生活的基本信息，问他对产品还有什么意见，有什么想要改进的要求。一个成功的销售人员要以自己对产品的情感来感染客户，让客户对产品产生喜爱之情，进而产生购买欲。

以谬制谬，顺言逆意的说辩

以谬制谬，是幽默说服的有力武器，用对方的逻辑击败对方的道理，让对方有口难辩。

在辩说中抓住对方命题中隐蔽的荒谬点，加以推衍，或由此及彼，或由小到大，或由隐到显，最后得出荒谬可笑的结论，从而证明对方的论点是错误的。这种顺言逆意的辩说谋略，在逻辑上属于引申归谬。虽带有某种讽刺意味，但多属善意的。

运用归谬方式使说服对象认识到原来观点的错误，还可以采用这样一套方式，即先提出一些问题让对方谈自己的见解，即便对方说错了，也不要急于直接指出，要不断地提出补充的问题，诱导对方由错误的前提推导出显然荒谬的结论，使之不得不承认其错误，然后再设法引导他随着你的正确的思维逻辑，一步一步通向你所主张的观点，达到劝导说服的目的。

鲁迅担任厦门大学教授时，该校校长常常克扣教学经费。这钱不能花，那钱没有预算，再来一笔钱又不能花。老是这样刁难师生，弄得大家意见很大。

这天，校长决定把研究经费削减一半。他把各研究院的负责人和教授们召集起来，一说出削减方案，马上遭到教授们的反对。大家说："研究经费本来就少得可怜，好多科研项目不能上马，正在进行的一些研究工作也步履维艰，不能多领域拓宽发展。再说，许多研究成果、论著因缺乏资金支持不能印刷，再削减经费怎么得了？不行，不行！"校长根本不认真倾听教授们的意见，他强词夺理，说："对于经费问题，你们没有发言权。学校是私人投资办的，只有有钱人才可以发言，在这个问题上应充分重视有钱人的意见。"

校长话音刚落，鲁迅站起身，从长衫里摸出两个银币"啪"的一声放在桌上，说："我有钱！我有发言权！"接着，他力陈经费只能增加不能减少的道理。论据充分，思路严密，无懈可击，驳得校长哑口无言，只得收回主张。教授们胜利了。

鲁迅先生在这里幽默地将校长所说的"投资学校的钱"偷换成广泛意义上的钱，从而以两个银币的钱为引子提出了自己的理由，使校长无话可说。以对方的谬论"有钱人才有发言权"，将自己的"小钱"掏出来取得发言权，既诙谐，又讽刺，还能把意见表达出来，鲁迅不愧为一代文豪。

以谬制谬的幽默实际上是攻守易位，是将对方的观点为我方所用，再用对方的观点攻击对方，即攻和守的角色转换。如果在以谬制谬的说服过程中，又巧妙加入了幽默的调料，那就更加令说服力无懈可击了。

指东说西,释放出幽默的威力

指东说西幽默法,即明知对某人某事不满,但并不直接进行攻击,而是采用迂回的方式表露自己的想法。这是幽默说服他人的强硬战术,大多数人一般能够在他人的指东说西中听出弦外之音,从而选择溜之大吉。指东说西说话法,不只是一种智慧,还体现了一定的胆量与气魄。

有个人去朋友家里做客,住了很久还没有离开之意,主人实在感到讨厌,但又不好当面驱逐。

一次两人面对面坐着喝酒,主人讲了这么一个故事。在偏僻的路上,常有老虎出来伤人。有个商人贩卖瓷器,忽然遇见一只猛虎,那猛虎张着血盆大口扑了过来。说时迟,那时快,商人慌忙拿起一个瓷瓶投了过去,可老虎没有跑开,他又拿出一个瓷瓶投了过去,老虎依然不动。最后,只留下一个瓷瓶了,于是他手指老虎高声骂道:"畜生畜生!你走也只有这一瓶,你不走也只有这一瓶!"

客人一听,起身就去收拾行李离开了。

指东说西幽默法的另一个妙用在这里得到了体现——逐客令。主人明说老虎暗指客人,达到了逐客的目的。对于那些不自觉的客人，我们不妨使用这样的逐客法，还避免了正面交锋。

对于一些思想顽固不化的人来说，如果你循规蹈矩地劝说，根本达不到效果，还不如以反话切入。

经济危机时，某外国企业待遇苛刻，下级职员苦不堪言。在经济紧缩、差事难找的情况下，又不好"一怒之下，摔门而出"，只好多次向老板进言，但均无功而返。

一天，某部门经理灵机一动，想了一个计策，决定在老板面前试一试。他对老板说："公司员工都表示待遇太低，生活太艰苦，别的花费暂且不说，每月上班的交通费，都苦不堪言，这让他们如何解决呢？"

老板说："让他们安步当车，一文不费，而且借此锻炼了身体，不是一个好办法吗？"部门经理摇摇头表示不行："走路多了磨破了鞋袜，搞不好还没钱换新鞋呢。我倒有个建议，希望老板出一布告，提倡赤足运动，要求大家赤足上下班，问题不就解决了吗？谁让他们命运太差，偏偏生活在这个时代！谁让他们不去想发财的门路，偏偏来我们公司做这样辛苦的事！他们坐不起公车，也不能鞋袜整齐地到公司来，都是自作自受！"

部门经理一面说，一面笑，弄得老板也不好意思起来，只好答应调整一下待遇。

在这里，不得不佩服部门经理的智慧，以及在沟通中巧用的幽默。老板不能骂，那就"骂"下属，拿他们的委屈作为谈资，老板不会听不出下级对他的抱怨。使用这种方法跟上司交流时要注意辅以微笑，这样可以一面间接说出自己的意见，一面缓解双方的压力。

当上司要责备下属时，也需要使用这种幽默说服的技巧。比如，虽然你明明是要责备乙的不是，但你并不正面指责乙，而以指东说西的方式先来责备甲，因为此时你若是责备乙，乙的心里一定感到难受，对日后的改进不见得就会有效。但是为何又要责备甲呢？因平时你与甲之间不存隔阂，即使甲也犯了同样过错而受到指责，也不会感到十分在意。可因为当时乙也在场，他听后心里会想"原来这样的过错我也犯过"，于是你的目的便可达到。

而此时的乙也绝不会认为："反正这是别人的错，不关我事。"反而会因为"原来上司是在说我，但他并不直接责骂我，反而责骂他人来顾全我的脸面"而感激不尽。指东说西的幽默指责方式，对下属们很奏效。

但是，我们要特别注意，指东说西幽默法不是一种常用的方法，只是在某些特殊的、偶然的场合才能使用，如果滥用此法去攻击朋友，这只能导致友情破裂的恶劣后果发生。

间接说服，巧用语言的不同

下面一段话，是从罗宾汉教授所著的《心的形成》一书中摘录下来的，他根据心理学原理来告诉我们，为什么对他人直接的攻击方式不会发生说服效力。

这是我们常常感觉到的，我们并不费多少情感，或是遭遇哪些阻力，就把原来的意见改变了。但是，如果有人明确指责我们的错误，我们立刻会对这指责产生反感，而且还使我们之前的主意更加坚决。我们的信念往往在不知不觉中产生，但是，如果有谁来打消我们那种信念时，我们就会十分坚决地保护它。

如果你要表达一个与别人的意见相左的观点，特别是你要说服别人相信自己的观点并抛弃原有的意见，那么最好不要一上来就攻击说别人是错误的，而应该机智、幽默地表述自己的观点，然后把听众引到你的观点上来，从而使他们忘记原来的观点。

因此，当直接说服不奏效时，巧用间接说服能增强胜算。

有一次，一位经验丰富、熟悉人情世故的金牌推销员带着一位实习推销员外出销售收款机。虽然这位老推销员长得并不帅气，但从他的身上你能时时感受到幽默的活力与乐观的朝气。所以，乍一看上去，他是个精气神十足的中年男子。

老推销员领着实习推销员来到了一家商店，商店的规模不大，老板对他们的到来并不欢迎，甚至对他们冷言冷语道："你们赶紧走，我对收款机没有半点兴趣，再说了我现在不缺这东西。"实习推销员听到这儿，已经羞怯得恨不能找个地缝钻进去。可是老推销员却没有因为老板的这几句话而退却，反而哈哈大笑了起来，好像他是听老板讲了一个笑话一样，老板被他的笑声弄得愣了一下，莫名其妙地看着老推销员接下来要做什么。

等笑过之后，老推销员调整了一下表情，满脸歉意地对他说："老板，请原谅我刚才失态了，只是您的态度让我想起了另一家商店的老板，他也对我这个收款机没有兴趣，可是后来由于他的那台旧收款机出故障了，导致所有的钱都拿不出来，那位老板才十万火急地买下了我这台收款机。呵呵，看来您家的收款机比较听您的使唤，不敢像他家的收款机一样擅自罢工。这样看的话，我到这里来确实是没有意义的。"

实习推销员还在满脸窘相的时候，老板却笑了起来，并最终同意买下一台收款机作为备用。

这位老推销员用的就是间接说服的方式。他并没有对老板的拒绝打击感觉到气馁，也没有直接推销自己的产品质量有多好、多耐用，而是通过反面的例子打动了老板。是的，如果自己的收款机也在突然间坏掉的话，岂不是会影响自己的工作效率？

间接的幽默说服法就是巧用每一个语言表达的不同点，将其幽默转化成通俗易懂的反向描述，说服他人就会变得更加轻而易举了。

第八章

欢乐演说,句句都能引爆『笑』果

穿插妙语，拨动听众的心弦

当众演讲是一个很普遍的沟通方式。当你有一个当众演讲的机会时，一定要运用幽默的语言为自己的演讲增添魅力。当众讲话主要是口语表达，语言的口语化本该不成问题，但由于当众讲话总要比一般的随意交谈或在非正式场合的说话更规范、文雅和生动，也由于许多人在准备稿子的时候常常堆砌辞藻、雕章琢句，或摘抄报章，本意是为了让自己更有文采，殊不知这容易使演讲的语言"文章化"。

"文章化"的演讲不仅会让文字艰涩、表达沉闷，还有可能让听众产生厌倦。

那么，怎样做到让演讲的语言更加轻松幽默口语化并彰显出演讲者的魅力呢？

第一，句式要简短而灵活，富有幽默感。我们先来看一个外国人写的一篇汉语作文。

我叫施吉利，加拿大人，很喜欢汉语。我买了许多书，特别是汉语、方言、成语方面的辞典。我发现成语、谚语、俗语很好，准确、生动、幽默而又风趣。

有一天，天气很热，我到楼下散步，看见个卖西瓜的人。我走过去说："你的西瓜好不好？"他说："震了！"我问："什么叫震了？"他答："震了就是没治了！""什么叫没治了？""没治了就是好极了！您看我的西瓜多好！"

这时，我用了两句俗语，说："没有调查就没有发言权，你是不是王婆卖瓜，自卖自夸？""是骡子是马拉出来遛遛，我的瓜皮儿薄、籽儿小、瓤儿甜，咬一口，牙掉了。""嚓"一声，他切开一个。

我一吃，没想到皮儿厚、籽儿白、瓤儿是酸的。我又说了两句成语："你要实事求是，不要弄虚作假。"他的脸"唰"地一下红到脖子根。我说："没有关系,买卖不成仁义在。"他一听急眼了："这个不算。""嚓"又切开一个。我一看，皮儿倍儿薄，籽儿倍儿黑，瓤儿倍儿甜，我狼吞虎咽地吃起来。

他说："好吃不好吃？"

我一伸大拇指："盖了帽儿了！"

这位外国人学汉语也真是学得"盖了帽儿了",一是采用了生动的俗语,二是句式简短。这虽然是用汉语写的作文,但语句大多是五六个字,最长的也只有十来个字,体现了口语的幽默生动特点。

第二,在用词风格上,多用通俗生动的"现成话",而不要采用文"白夹杂"的形式。诗人艾青十分精通现代语言,但他在《诗论》中强调说:"最富于自然的语言是口语。"

幽默的语言要通俗,不单是为了简明易懂,更不是浅薄庸俗、单调乏味,而是为了既通俗易懂,又具体、生动、活泼、形象。老舍在他的作品中之所以多用口语,不仅是为了让人明白易懂,还是为了令语言幽默生动。这正如秦牧在《艺海拾贝》中说的:

历代以来,开一代文风的杰作,起前代之衰的妙文,都在一定程度上一反因循守旧的书面语的习惯,勇于运用活生生的口头语言。古代的说书人,讲到故事中的人物心头不安时,不说忐忑不安,却说"心里有十五个吊桶打水,七上八下";讲到羞耻时,不说满面羞赧,却说"恨不得有个地洞钻下去";讲到赶快逃跑时,不说赶快逃跑,而说"只恨爹娘少生了两条腿";讲到着急时不说着急,却说"急得像只热锅上的蚂蚁"。所有这些语言都博得听众的赞赏和喝彩,而且流传至今仍有强烈的形象性、新鲜感。

人们往往有一种习惯性的看法,认为口语简单粗浅,而书面语应当完善而文雅。实际上,现代实用语言在口语和书面语两方面并无多大差别，也不该有多大差别。有些人讲话、致辞或答疑总要按照稿子念。如果你的口语不幽默，不善于脱稿讲话，那么写出来的稿子也往往是平淡冗长、干巴乏味的，当然也就不具备口语的特点。不是口语化的东西却又用嘴说，这就是某些人的口语表达既不通俗又不幽默的主要原因。而另一种倾向是只求简单明白，不求细致幽默，这就流于粗俗和浅陋。正确的理解和做法是，书面语言要尽量多用通俗而幽默的口语，而在口语表达上要尽量吸收书面语中那些精练而严谨的词语。只有这样，我们的语言才会既通俗易懂，又幽默活泼。

所以，要想让自己在公众场合的讲话收到良好的效果，一定要学会把握语言的风格，注意文采，使讲话通俗易懂，更重要的是要用幽默的讲话艺术来彰显自己的语言艺术。

跟听众套近乎，要懂幽默技术

　　成功的演讲并不是一个人在讲，而是在场的所有人都在讲。演讲的一个大禁忌就是一个人在那儿唾沫飞溅地讲，没有与听众的情感交流，没有让听众参与进去。幽默的演讲则属于一场愉快的互动演讲，而互动需要恰当的提问。

　　圣弗朗西斯科的喜剧教练约翰·坎图建议，要唤起听众情感上的共鸣，让他们参与到演讲中来。"有一些特殊事件对人们有很多特别意义——他们的中学时代，他们的第一辆车，他们的第一次约会，"他说，"设法将这些事件引入你的演讲中去。这和让听众回想与他们约会的第十个人一样简单。任何听你讲话的听众都会不由自主地想到那个人。他们会强烈地融入你的演讲中。"

　　这里只有一件事需要注意——你必须澄清为什么你要让听众想起这些情感上的东西。"它必须与你的讲话有关并且能够说明问题。"约翰说。幸运的是，这很容易做到。只要在你的演讲中找一些可以引起类似感觉的可笑情况，然后将它与你要让听众想象的东西联系起来就行了。

　　约翰·坎图还建议，幽默可以通过唤起听众所有感官的记忆，让他们参与进来。他特意描述了一个运用所有感官的情况。"你还记得高中时吗?所有人都在大厅里走来走去,所有人都围着你讲笑话,尽管那个地方闻起来像公共厕所,"他提醒说,"但是这可以让听众参与进来。"

在适当的情境下进行幽默提问,可以缩短与听众的距离,满足听众的好奇心,创造宽松的气氛,利于演讲者保持主动性。

美国第40任总统里根用精心安排的幽默语言点缀他的演讲,以赢得特定观众的尊重。对农民发表演说时,里根说了这么一件轶事讨好他的听众。

一位农民买了一块河水已干枯的小河谷。这片荒地覆盖着石块,杂草丛生,到处坑坑洼洼。他每天去那里辛勤耕耘,经过不断劳作,最后荒地变成了花园,为此他深感骄傲和幸福。

某个星期日的早晨,他去邀请市长先生,问他是否乐意看看他的花园。那位市长来了,视察一番。市长看到瓜果累累,就说:"呀!上帝肯定为这片土地祝福过。"他看到玉米丰收,又说:"哎呀!上帝确实为这些玉米祝福过。"接着又说:"天哪!上帝和你在这片土地上竟取得了这么大的成绩呀。"

这位农民禁不住地对市长说:"尊敬的先生,我真希望你能看到上帝独自管理这片土地时,这里是什么模样。"

里根巧妙地根据听众对象准备自己的幽默素材,从而赢得了听众的关心与支持,实现了演讲者与听众的幽默互动,营造了会场的热烈气氛。

在演讲中，除根据对象选取素材来引起互动之外，还要时常向听众提问一些轻松、愉快、搞笑的问题。

幽默的提问应该问些什么呢？许多演讲者喜欢问一些可以让他们轻松应付听众的问题。比如你们中有多少人是从郊区来的？你们中有多少人希望演讲者不再问这些无聊的问题？尽管这种"调查"技巧十分老套，但它却行之有效。

但是，幽默提问是最易使演讲掀起高潮或者走向低谷的手段之一，要把握分寸，要问得简洁，要问在笑点上。提问次数不能太多，要能让听众在很短的时间内答出来，甚至在潜意识的驱使下就能作答。

让演讲在笑声中画上"休止符"

演讲要想获得全面成功,一定要精心设计好精彩的结尾。也就是俗话所说的"编筐编篓,全在收口"。如果说好的演讲开头犹如"凤头",那么好的演讲结尾就像"豹尾"。豹尾者,色彩斑斓而又强劲有力。结尾是对整个演讲的总结,它承担着收拢全篇的任务,因此其意义非常重要。演讲的结尾既有幽默文采又坚定有力,既概括全篇又耐人寻味,这样才能使全篇演讲得以升华,收到良好的效果,才能让听众对你的演讲感觉到意犹未尽。

因此,精彩的演讲,需要有一个明亮清晰的开头,也需要有一个幽默、让大家开心的结果。

在一次演讲中,老舍先生开头说:"我今天给大家谈六个问题。"接着第一、第二、第三、第四、第五,井井有条地谈着。这时他发现离散会的时间不多了,于是他提高嗓门说:"第六,散会。"听众先是一愣,接着就欢快地鼓起了掌,大家都十分敬佩老舍先生的幽默。

老舍先生知道已到散会的时间,没有按事先准备的内容去讲,而是选择时机戛然而止,既幽默又利索。

结束语是演讲的重要组成部分,幽默的结束语能使演讲收到意想不到的效果。在通常情况下，结尾不要冗长拖沓，更不能画蛇添足，而要在达到高潮时戛然而止，给听众以余音绕梁、回味无穷的感觉。结尾时要尽可能达到与听众感情上交融的效果，引起听众的共鸣。在把握好分寸的前提下，满腔热情地提出希望、要求和建议。

鲁迅先生在结束上海中华艺术大学的演讲时这样讲道："以上是我近年来对于美术界观察所得的几点意见。今天我带来一幅中国五千年文化的结晶，请大家欣赏欣赏。"话刚说完，他就把手伸进了长袍，在大家好奇的关注中，他慢慢地从衣襟上方拿出了一卷纸。就在大家摸不着头脑的时候，鲁迅先生把那卷纸缓慢打开，呈现在大家面前的居然是一幅破旧的月份牌，原来这就是鲁迅口中的文化结晶，霎时间全场爆笑。

鲁迅先生在恰到好处的动作表演以及幽默悬念的设置下，让演讲在大家的欢笑中落下了帷幕。相信即使大家会忘记鲁迅演讲的内容，也不会忘记鲁迅演讲时的幽默。这就是幽默结尾带给演讲人的回馈。

美国《星期六晚报》的主编说过："我把文章刊登在最受欢迎的地方就可以结束了，而在演说上，当听众达到最愉快的顶点，你就应该设法早些结束这次演说。"

演讲精彩而幽默结尾的要求大致可以归纳成以下两点：

1. 加深印象，结束全篇

当演讲基本完成，听众对你的观点、态度以及讲述的有关知识基本上已经掌握时，就应该考虑"收口"了。幽默的结尾将从视觉上、听觉上给听众留下最深刻的印象，将在听众的大脑屏幕上"定格"。幽默"收口"的好坏直接决定了听众对整个演讲的印象。精彩、幽默的结尾往往能弥补一些演讲过程中的不足，强化听众的总体印象。只要我们留意一下，便会发现古今中外的演讲家对结尾都是很重视的。

2. 言简意赅，耐人寻味

作家歌德曾这样欢呼新时代的到来："'宽恕我吧，渗透着时代精神，这是莫大的乐趣。'看呀，从前的智者是怎样思考的，而我们最后却远远超过他们。"歌德结尾的演讲简单幽默，感情生动，耐人寻味。

因此，精彩的演讲结尾不要重复、松散、拖沓、枯燥，应尽量避免那种人云亦云的客套式的结束语。结尾幽默生动应该是演讲者追求的目标。

幽默演讲的真谛在于亲切自然

演讲不是一个人的戏剧，需要时不时地与观众来一个对等的谈话式沟通，小小的一个幽默，便能一下子拉近与听众之间的距离。只会居高临下地板着面孔讲，不能与听众顺畅地沟通感情，这样的演讲注定是泛泛而谈，淡而无味。

有一次，在某院校的毕业典礼上，作家林语堂受邀发表演讲。在他之前，有很多人的演讲都是长篇大论，轮到他演讲时，典礼已经举行很长时间了，所以听众都疲倦难耐了。只见林语堂站起来说："演说要像姑娘的迷你裙，愈短愈好。"

此话一出，全场先是一片静谧，接着就听到全场哄堂大笑。

林语堂运用简短的话语，既表达了自己的观点，又赢得了观众的喝彩。

演讲的内容不是越长越好，越多越好，有时你想表达的信息是别人不愿意听到的，这样可能会令人厌烦；当然，说得太短也不免让人失望，导致心理上的落差。适当地委婉一点，运用幽默的力量，便能让听众在轻松愉快的心境中享受你的演讲带来的快乐。同样，幽默可以化解因为陌生而产生的紧张气氛，融洽人与人之间的关系。

1903年12月17日，莱特兄弟成功地驾驶用引擎驱动的飞机飞上了蓝天，他们成为人类航空史上勇敢的开拓者。在飞行成功后不久，他们就去欧洲旅游。法国当地的一位名人为他们的到来举办了一个欢迎酒会。酒会上，主人反复邀请他们做演讲。大哥威尔伯走上台，来了一个一句话的演讲："根据我们的了解，鹦鹉是唯一会说话的鸟类，但它不是飞得最高的。"

威尔伯的演讲一下子让在场的人肃然起敬，让听众在笑声中便明白了真谛所在。

成功的演讲需要懂得幽默的技巧，在演讲中如果能适当地插入一些妙趣横生的内容，往往比振振有词的套话更能拨动听众的心弦。演讲高手从来都不会忽略幽默的力量，在他们的演讲中，他们总是妙语连珠，不会吝啬使用那些含蓄、风趣的素材和语言。这些技巧总是能让听众在会心一笑的同时，体会到高尚的情趣和深刻的道理。

图书在版编目（CIP）数据

幽默沟通学 / 欣溶著． -- 北京：中华工商联合出版社，2023.6

ISBN 978-7-5158-3667-6

Ⅰ．①幽… Ⅱ．①欣… Ⅲ．①人际关系—通俗读物 Ⅳ．①C912.11-49

中国国家版本馆CIP数据核字（2023）第074178号

幽默沟通学

著　　者：	欣　溶
出 品 人：	刘　刚
责任编辑：	吴建新　林　立
封面设计：	冬　凡
责任审读：	付德华
责任印制：	迈致红
出版发行：	中华工商联合出版社有限责任公司
印　　刷：	三河市华成印务有限公司
版　　次：	2023年6月第1版
印　　次：	2023年6月第1次印刷
开　　本：	880mm×1230mm　1/32
字　　数：	94千字
印　　张：	5
书　　号：	ISBN 978-7-5158-3667-6
定　　价：	38.00元

服务热线：010—58301130—0（前台）
销售热线：010—58301132（发行部）
　　　　　010—58302977（网络部）
　　　　　010—58302837（馆配部、新媒体部）
　　　　　010—58302813（团购部）
地址邮编：北京市西城区西环广场A座
　　　　　19—20层，100044
投稿热线：010—58302907（总编室）
投稿邮箱：1621239583@qq.com

工商联版图书
版权所有　侵权必究

凡本社图书出现印装质量问题，请与印务部联系。

联系电话：010—58302915